ギリシア神話と人間

ΜΥΘΟΛΟΓΙΑ ΕΛΛΗΝΙΚΗ

吉田敦彦

Atsuhiko Yoshida

青土社

ギリシア神話と人間　目次

ギリシア神話と人間

まえがき

ギリシア神話には、それぞれが著しい特徴を持っているいろいろな神さまたちが出てきて、多彩な活躍をしていますが、その中でも抜群な変わり者と言えるのは、本書の第一章で取り上げる、ヘルメスという伝令の役目をする神さまです。ヘルメスは何しろ偉い神さまであるのに、ひどい大泥棒で、どんな恥知らずな嘘でもしゃあしゃあとつきます。これから見るように彼は生まれるとすぐその日のうちに、自分が持って生まれた泥棒と嘘つきの手腕を、だれもが唖然とせずにいられなかったとんでもないやり方で、思う存分に発揮してみせました。

夜明けに誕生したその日の日暮れには彼は、何でも見通す力を持っているので、だれにもけっして騙すことができないと思われているアポロンというとても偉い神さまのところまで、長い旅をしてはるばると出かけて行きました。そしてそこでアポロンが飼っていた牛の群れから、五十頭の牝牛を盗んだのです。翌日の朝になるとアポロンはこの盗みが、自分と父が同じゼウスだが、前日に生まれたばかりの赤ん坊でまだ会ったことのない、弟の仕業であることをすぐに見破りました。盗みをすませたあとヘルメスは、自分がそこで誕生した母のマイア女神の住居だった洞窟に戻り、寝かされていた揺籃の中にまた潜りこんで、すやすやと眠っているふりをしていました。アポロンはそこにやってきて、赤児のヘルメスに盗んだ牛を返せと要求し、恐ろしい剣幕で脅しつけたのです。

そうするとヘルメスはその激怒しているアポロンに対しても、そのあとアポロンといっしょに天に昇って行って、両者の父である神々の王のゼウスの前に出ても、自分はそんな牛泥棒などけっしてしていないと言って、しゃあしゃあと嘘をつき通しました。ゼウスに対してはなんと、自分が口にするのはただ真実だけなので、嘘など自分はつき方も知らないという、これこそまさにきわめつきだった大嘘を、すまして言ってのけたのです。

そうするとゼウスはまだ生まれたばかりの赤ん坊のヘルメスが、ひどい泥棒をしておいて平気でこんな大嘘をつくのを見て、大喜びをしました。なぜならゼウスは、自分の側にいて伝令などの役をする者として、このような泥棒で嘘つきの神さまがぜひとも不可欠であることをよく知っていました。それでそのような世にも破廉恥な神さまを出生させるために、もっとも相応しいと思われた方法をわざわざ工夫して、そのやり方でヘルメスを生まれさせていたからです。

そのためにゼウスは、お妃のヘラがぐっすり眠りこんでいる深夜に、天上の王宮の寝室から、まるで泥棒のようにそっと抜け出しました。そして山の奥の岩屋にひっそりと隠れ住んでいたマイア女神のところに、だれにも気づかれずにこっそりと忍んで行き、まるで泥棒がするようにして密通をして、この女神にヘルメスを妊娠させていたのです。

ゼウスはそれで、自分が画策をしたまさにその通りの世にまたといないほどずる賢い息子がいよいよ誕生して、天上の神さまたちの仲間に加わろうとしていることに大満足をして、笑いながらアポロンとヘルメスに協力をして、いなくなったという牛をいっしょに探すように命令したのです。ヘルメスはそこで盗んだ牛を隠しておいた場所にアポロンを案内して行って、二頭は殺して神々への供物に捧げてしまっていたために、四十八頭になっていた牛を彼に返してやりました。それからヘルメスは、牛を盗みに出かけるより前に発明して、揺籃の中に隠してあった竪琴を、この楽器が持ち物として不可欠になる音楽の神のアポロンに贈りました。そしてその代わりにアポロンからいったん返した牛を、それを飼うのに使う鞭といっしょに貰い受けて、自分は牧畜の神でアポロンは音楽を司るという、二神の役目の違いをはっきりとさせたのです。そのことに満足をしたアポロンはヘルメスにさらに、神々の伝令役であることのしるしになる、ケリュケイオンという宝の杖も贈りました。こうしてヘルメスは、ゼウスと母神のレト女神を除く他のすべての神さまたちから、近寄ると震え上がらずにいられないほど恐れられていたアポロンとこのときから、だれよりも睦まじい間柄で結ばれることになったのです。

　こうして出生した次の日にアポロンと、どちらにとっても得になる上手な交換をしたことでヘルメスは、交易と商売の神さまになりました。また生後すぐに遠くまで出かけて行って牛泥棒をし、そのあとにその始末をつけるためにもまた長い旅行をやり遂げたことで、彼は旅の守護神になりそれによって、死者の霊魂に冥府まで旅をさせる、「霊魂の導者（プシュコポンス）」と呼ばれる役をすることも、ヘルメスの重要な働きの一つになりました。その結果いつも地下界にいて天上の神たちと接触を持つことをしない冥府の王のハデスともヘルメスだけは、ハデスの大切な宝物である被ると姿の見えなくなる兜をいつでも貸してもらえるほど、親密な交際をするようになったのです。

それで本書ではまず第一章で、この本当にユニークだと言うほかのない珍妙きわまりない神さまのヘルメスが、どのようにして誕生したのか。そしてそのあとすぐに、だれもがあっと驚かずにいられなかったやり方で、自分の特技を思う存分に発揮してみせて、神々の仲間入りを果たしたのか。そのことが彼の父で神々の王であるゼウスにとって、なぜぜひとも必要であったのかをお話することで、読者のみなさまを、興趣が溢れて尽きることのないギリシア神話の世界にご案内することにします。

次に第二章では、紀元前三八八年に喜劇詩人アリストパネスの最後の作品としてアテネで上演された、『プルトス』と題されている喜劇のことをお話します。この劇の中ではアッティカに住むクレミュロスという一人の農夫の活躍によって、現実にはけっしてありえようのない椿事が起こった顚末が、面白おかしく描かれています。

プルトスというのは、人間に福を授けてくれる富の神さまですが、ゼウスによって目が見えなくされてしまっています。それはゼウスが、正しいことをする人が必ず富めるようになる世界を望まないからで、それでそうなることがないようにゼウスは、プルトスから視力を奪って、この神が富を授けるのに相応しい善人と、そうでない悪人を見分けることができないようにしているわけです。

クレミュロスはそれで、自分は正直な暮らしをしてひたすら勤労に励んできたのに、いっこうに富に恵まれず、そのあいだに市では、告訴を儲けのために常習する者たちや、演説を生業とする者たちなどの邪悪な徒輩が富み栄える有り様を、いやと言うほど見せつけられてきました。彼はそれでついに思い余って、デルポイに行き、アポロンの神殿に参詣しました。そして自分は今になってこれまでのやり方を変えるつもりはないが、息子にも自分と同じ正直な暮らしを続けさせるのがよいか、それとも生き方をがらりと変えさせて、破廉恥で不正直で信頼できぬ人間にならせる方がよいかを、アポロンの神託に尋ねたのです。そうすると神託は彼に、託宣所を出て最初に出会う者から離れずにあとをついて行き、その者を自分の家に来させるようにせよと命令しました。

クレミュロスはそれで、デルポイを出たところで出会った目の見えぬ見すぼらしい恰好をした老人のあとをついて行き、家に着く前にこの年寄りの口から、彼がじつはゼウスによって視力を奪われてしまっている、富の神のプルトスであることを知らされます。そして目が見えるようになればプルトスが、正しい者だけを富ませる所存でいることを確めた上で、それならば自分が彼の目を治療して見えるようにするからと言って、プルトスを自分の家に招きます。

プルトスは最初は震え上がってゼウスを恐れ、この最高神の意志にそむいて目が見えるようになどけっしてなりたくないと言って、クレミュロスの誘いに応じようとしません。しかしクレミュロスはプルトスの持つ富の威力がじつは、ゼウスも彼に一目置かねばならぬほど、神々のあいだでも人間界でも絶大であることをじゅんじゅんと言い聞かせて、けっきょくプルトスを家に入らせます。

当時のアテネでは、アポロンの息子のアスクレピオスという医術の神さまが、この神の崇拝の中心地だったエピダウロスから、紀元前四二〇年にアテネに迎えられ、治癒を願って神殿に参籠する者の祈りに応えて、病気を癒してくれる有り難い救済者の神さまとして、人々に篤く尊崇されるようになっていました。クレミュロスはそれで、ブレプシデモスという仲間の農夫といっしょに、プルトスをアスクレピオスの神殿に連れて行き、目の治癒を祈ってそこで一夜を過ごさせます。そうすると劇の中で生々しく描写されているアスクレピオスの手当てによって、プルトスは視力をすっかり回復してクレミュロスの家に戻り、この家はたちまち富に溢れかえって、アテネには正しい者がみな思う存分に富有になる、無可有郷的な至福の状態が現出します。

それで第一章で見ることになる、ゼウスの側で使者の役を勤めているヘルメスも、クレミュロスと彼の一味を厳罰に処するというゼウスの命令を伝えに天から降りて来ます。しかし、クレミュロスの家から漂ってくるご馳走のえも言われぬ芳香に誘われどうにもたまらなくなって、ゼウスへの奉仕を止めて、この家に頼みこんで住みこんで働くことになります。そしてしまいにはゼウス自身も、自分から進んで天を離れクレミュロスの家にやって来て、そこでそれまで地上の神殿で彼に仕えてきた祭司の奉仕を受け続けながら、この無可有の至福状態の仲間入りをすることになります。

ただプルトスの目が見えるようになるなどということは言うまでもなく、荒唐無稽な喜劇の中だけで起こることで、現実にはけっしてあるはずのない椿事です。人間の暮らしはそれで実際には、目が見えるようになるプルトスが、正しい人たちにふんだんに与えてくれることになる富ではなく、あくまで辛い貧乏がその基盤であり続けるほかないのですが、そのことがこの劇の中では、きわめてあからさまに説明されています。

クレミュロスがブラプシデモスといっしょに、プルトスを目の治療のために、アスクレピオスの神殿に連れて行こうとしていると、そこにとつぜん、貧乏の女神のペニアが現れます。そしてもしもプルトスの目が見えるようになれば、人間は今よりもずっと不幸な目に会うことになると言って、彼らにその企てを止めさせようとします、それで劇の中ではそれから一九〇行あまりにわたって、二人の農夫たちとペニアとのあいだで、富と貧乏のどちらが人間のためになるかということで、激しい「論争（アゴン）」が、長々と続けられることになるわけです。

その最後にはクレミュロスは、「これ以上はつべこべ言わずに、さっさといなくなってしまえ」と言って、ペニアを有無を言わせずにその場から追い払って、論争（アゴン）にけりをつけています。だがそれまでの言い争いの中でクレミュロスとブラプシデモスは、貧乏の方が富よりもずっと人間のためになるというペニアの主張に対して、筋道の立った反論をすることに、明らかに失敗しています。

つまりこの劇の中ではプルトスが、アスクレピオスの治療によって視力を取り戻して、その中で正しい人々が富に酔い痴れることになる無可有郷を、アテネに現出させることが描かれています。だがそのことが実現するより前に劇の中間部では、そのようにして人間が享受できることになる富よりも、現に人間が味わっている貧乏の方が、じつはずっと人間のためになっているという主張が、貧乏を現に人間に味わわせている、貧乏の女神ペニア自身によって、反駁のしようが無いと思えるきわめて説得的なしかたで述べられているわけです。本書ではそれで、劇の中のその「議論（アゴン）」

の部分を抜き出して、第三章で詳しく取り上げます。そしてこの「アゴン」の中で貧乏の女神ペニアによってされている雄弁な主張に、どのような意味があるのかを、考えてみることにします。

このようなきわめて興味深い内容を持ち、その中で面白い事件が波瀾万丈の展開をしている、古代ギリシアの神話と文学の嚆矢となったのは、紀元前八世紀の中ごろから七世紀の初めにかけて作られた、「叙事詩」と呼ばれている文学作品です。われわれが読むことのできるもっとも古い叙事詩は、ホメロスという大詩人の作として伝えられている『イリアス』と『オデュッセイア』で、それに続いて紀元前七世紀の初めに、ヘシオドスの作品である『神統記』と『仕事と日』という詩が作られました。本書の締め括りとなる部分ではそれで、そのギリシァ文学と神話の出発点になった作品に立ち帰って、そのもっとも肝心と思われる内容を検討します。

第四章ではまず、最古の叙事詩の『イリアス』を取り上げます。この詩で取り扱われているのは、ギリシァの英雄たちの時代の終局に起こった、「トロヤ戦争」という大事件のことで、詩の主人公はアキレウスという英雄です。「トロヤ戦争」というのは、現在のトルコの西北部の海岸に近いところにあって、殷賑をきわめていたトロヤという強大な都市に、ギリシアから英雄たちの大軍が遠征をして、十年に及ぶ攻囲の末についに壊滅させたという事件で、アキレウスはこの戦争でギリシア軍の花形として、無双の勇武を発揮して鬼神もしのぐ活躍をした大勇士の英雄です。『イリアス』には、神々にも紛う猛勇の持ち主だったこのアキレウスが、彼にとって不倶戴天の敵だったトロヤの王も、その人柄に触れて深く心を動かさずにいられなかったほど、徹底して情理を弁えた完璧な英雄だったことが、きわめて感動的に描かれています。

それでこのようにして『イリアス』に見事に描き出されたアキレウスは以後のギリシアで人々から、英雄の理想として仰がれることになりました。そしてそのギリシアの伝統を受け継いだヨーロッパの文化の中でも、現在まで連綿として、万人の目指すべき理想としての意味を持ち続けることになったのです。

本書の結尾の第五章では、ヘシオドスの二編の叙事詩を取り上げ、その中でゼウスが、人間の利益を計ろうとしたプロメテウスという神さまと対抗し、プロメテウスがそのためにくり返ししかけた巧妙な企みを、そのつどうまく利用しながら、人間にどのような運命を定めたことが物語られているかをお話ししました。このような運命がけっして逃れられぬものとして定められたことで、地上にいて惨めな暮らしをせねばならぬ人間は、天上で無上の幸せを味わっている神々と、はっきり区別されることになったとされているわけです。『仕事と日』には、このようにして人間に不可避となった辛い運命に従いながら、その中で味わうことの許されている喜びを得るために、ヘシオドスがその一人だった当時の農夫が、どのような生き方をしながら勤労に励まねばならぬかが、ヘシオドスの怠惰だった弟のペルセスに対する訓戒として述べられています。

この詩で歌われている農夫たちのあくまで地味な暮らしは言うまでもなく、第四章で見たホメロスの詩に描かれている、アキレウスを理想とする英雄の輝かしい生き方とは、それぞれがまったく別の世界に属するものであるかのように、まるで違っています。だがそのようなきわめて大きな隔たりにもかかわらず、一方の英雄の倫理と、他方の農夫たちに勧められている暮らしぶりとのあいだには、根本のところで明らかな共通点があります。それは定められている運命がどれほど苛酷でも、けっして逃避もたじろぎもせずに、あるがままにそれを見据えて引き受け、その中であくまで人間であり続けながら、できる限り価値のある生き方をしようとする態度です。

ギリシア文学と神話の出発点になったホメロスとヘシオドスの詩にはこのように共通して、人間をあくまで世界万物の中心とも価値の基準とも考える、人間主義的なものの考え方がはっきりと表明されています。その意味でギリシア神話は、その人間主義的な考え方を古代ギリシアから連綿として受け継いできた、ヨーロッパの始まりとなったと言えると思うのです。

そのようなヨーロッパの始まりとして、ギリシア神話が現在でも持ち続けている意味と価値をあらためてお考え頂くために、この本がそれを手に取って下さる読者の方々のお役に立てることを念願しています。

第一章　泥棒と嘘つきの神はなぜ必要なのか

――ヘルメスが世界にもたらしたもの

泥棒と嘘つきの神の誕生

ポィボスよ、お前はいったいどこから、このすばらしい獲物を、狩り立ててきたのか。生まれたばかりの赤子のくせに、もうすっかり、伝令の資質を身に備えている。神々の集いへの、この者の到来は、重大な事件だ。

『ホメロス讃歌』の「ヘルメスへの讃歌I」の三三〇～三三二行には、ゼウスが前日に誕生したばかりのヘルメスが産着を着たままで、それまで寝かされていた揺り籠から出て、ポィボスとも呼ばれるアポロンの先に立ち、オリュンポスにいる自分の前にはじめて姿を現したのを見て、そこまでこの赤ん坊を追い立てるようにしてやって来たアポロンに向かって、こう言ったことが歌われています。つまりゼウスは、この珍妙な恰好で自分の前に出現した赤ん坊の神を一目見て、彼が生れながらにして、自分が神々のあいだで伝令の役をする神にぜひとも必要だと考え、そのような神を誕生させようとして画策したまさにその通りの資質を、完全に身に備えていることを認めて、大満足しました。そして彼が今から伝令の神として仲間になることが、神々の集い（テオン ホメギュリン）

にとって、喜ばしい重大事（スプダイオン　クレマ）であることを宣言したとされているわけです。ゼウスがアルカディアのキュレネ山中の岩屋で、他の神々との交わりを持たずにひっそりと暮らしていたアトラスの娘のマイア女神と交合して、ヘルメスを誕生させたことは、「ヘルメスへの讃歌Ｉ」の冒頭（一～一六）に、こう歌われています。

ムサ（＝詩の女神）よ、ヘルメスの賛歌を唄え、ゼウスとマイアの息子で、
キュレネと、羊群に富むアルカディアを支配する、
助けをもたらす、神々の使者の。
彼を、巻き髪の優美な尊いニンフのマイアが、ゼウスと、情愛の交合を遂げて産んだ。
彼女は、至福な神々との交わりをさけて、
影濃い洞窟の奥に、住んでいたのだが、
そこでクロノスの子が、夜のあいだに、巻き髪の優美なニンフと交合した。
甘い眠りが、白い腕のヘラを、とらえているすきに。
不死の神々にも、死すべき人間たちにも、気づかれずに。
しかし、偉大なゼウスの心が成就し、
彼女にとり、十度目の月が、空に懸かったときに、
ゼウスは、目覚しいその仕業を、出現させ完成した。

そしてそのとき、彼女は、子を産んだ。
創意に富み、奸知にたけた、追いはぎ、牛泥棒、夢どもの導者、
夜間の密偵、門口をうかがう者を。
彼は、生後すぐに、不死の神々のあいだで名声を得る仕業を、現すはずだった。

つまりこのようにしてゼウスがマイアと交わって、ここではニンフと呼ばれているこの女神にヘルメスを産ませたのは、一〇行に「ゼウスの偉大な心（メガロイオ　ディオス　ノオス）」と呼ばれている、彼の遠大な計画に基づいてしたことでした。そしてそのゼウスの計画（ノオス）によって彼が、一二行に「出現させ完成した（エィス　テ　ポオス　アガゲン　テテュクト）」と言われている「目覚しい仕業（アリセマ　エルガ）」とは、一四〜一五行に「追いはぎ（レイステラ）」とも、「牛泥棒（エラテラ　ボオン）」とも、「夜間の密偵（ニュクトス　オポペテラ）」とも、「門口をうかがう者（ピュレドコン）」とも、どれも「泥棒」を意味するさまざまな呼ばれ方をしている、大泥棒の子を誕生させることでした。それでこの泥棒の子は、一三行に「創意に富み（ポリュトロポン）」、「奸知にたけた（ハイミュロメテン）」と言われているように、機略縦横で目から鼻へ抜ける才智の持ち主で、一四行に「夢どもの導者（ヘゲトロネイロン）」と呼ばれているように、相手を眠らせて夢を見させておいてそのまに盗みを働く能力を持っていたとされています。

しかもこのような大泥棒の子を誕生させるという計画（ノオス）を成就させるために、彼はまさ

に相応しいと思われるやり方で、マイアと交合をしました。つまり彼が浮気をするのをけっして見逃すまいとして、常に目を光らせている嫉妬深い妃のヘラが、甘い眠りに捕らえられている夜のあいだに、寝室を泥棒がするようにひっそりと抜け出したのです。そしてマイアの住むアルカディアのキュレネ山中の洞窟の奥まで、神々にも人間たちにも気づかれぬやり方で、はるばると忍んで行って、まさに泥棒のようなやり方で密通を遂げたとされてるわけです。

だからこのようにしてゼウスが計画したまさにその通りの仕方で誕生した大泥棒の子が、一五〜一六行に「生後すぐに現すはずだった（ホス　タケメレン　アンパネエイン）」といわれている、「不死の神々のあいだで名声を得る仕業（クリュタ　エルガ　メタナトィシ　テオイシン）」というのはとうぜん、だれでもがあっと驚かずにはいられないような、窃盗の仕業だったわけです。つまり彼は夜明けに出生したその日が暮れたときにはもう、「ヘルメス讃歌Ⅰ」の一八行に「遠くから矢を射るアポロンの牛を盗んだ（ブス　クレプセン　ヘケボル　アポロノス）」と歌われているような牛泥棒をものの見事にやってのけたとされているわけです。

しかもこの牛泥棒の前にすでに彼は、誕生したその日の昼間のうちに、同じ讃歌の一七行に、「昼まには竪琴を鳴らし（メソ　エマティ　エンキタリゼン）」と言われているように、それまで世界に無かった竪琴を発明してそれを演奏しているのです。つまり讃歌の一四行に「創意に富み、奸知にたけた（ポリュトロポン、ハイミュロメテン）」と言われている、彼が持って生まれた当意即妙の才智を発揮した仕業をやり遂げていたわけです。

牛泥棒に出かけようとして、自分がそこで誕生した母の家である洞窟の外に出たところで彼は、一匹の陸亀が這いまわって草を食べているのを見つけ、すぐにこの亀をすばらしい楽器にすることを思いつきました。そして両手で抱えて持って家に戻り、ひっくり返して小刀で肉をえぐり出したあとの甲羅に、七本の羊の腸を並べて張って弦にして、竪琴を作りました。そして五三〜五四行に、「それ（＝その竪琴）は神の手の下で、驚嘆すべき妙音を鳴り響かせた（ヘ　デュポ　ケイロス　スメルダレオン　コナベセ）」と言われているように、その発明したばかりの楽器を自分の指でかき鳴らしてすばらしい音楽を奏でながら、五四〜五五行に「神はそれに合わせて即興を試みながら美しく唄った（テオス　デュポ　カロン　アエイデン　エクス　アウトスケディエス　ペイロメノス）」と言われているように、その音楽に合わせて即興の美しい歌を作って唄いました。そしてその歌の中で、自分の父ゼウスと母マイアが、五八行に「かつて愛の触れ合いを遂げながら、睦言を交わした（ホス　パロス　ホリゼスコン　ヘタイレイエ　ピロテティ）」と言われているようにして交合を持ち、それが五九行に「自分自身の隠れもない生誕（ヘン　タウトゥ　ゲネエン　オノマクリュトン）」と言われている彼自身の出生の輝かしい由来となったことを、五九行の最後にエクソノマゾン（宣明した）と言われているように、高らかに語ったとされているわけです。

　このようにして自分という真にユニークな神が、いま誕生したことの重大な意味を、生まれてすぐに自身が作り出した楽器と歌によって高らかに宣明し終えるとヘルメスは、そのために発明して使った竪琴を、それまで自分が寝かされていた揺籃の中に置きました。そして音楽を奏で歌を唄っていたあいだも考え続けていた、六六行に「したたかな計略（ドロン　アイピュン）」とよばれている、牛泥棒の画策をいよいよ実行に移すために、六五行に「芳しい部屋（エウオデオス　メガロイオ）」と呼ばれている寝室から外に飛び出しました。そしてアルカディアの山中から北に向って、六九行に「駆けて（テオン）」と言われているようにまっしぐらに走り続けて、太陽が沈む時刻には、オリュンポス山の北の麓にあるピエリアに着いていたのです。

そこでは彼と同じくゼウスの子である兄のアポロンが牛を飼っていました。その牛の群れからヘルメスは、五〇頭の牝牛を盗んだのですが、その牛泥棒をするに当たっても彼は、七六行に「欺瞞の術を忘れずに（ドリエス　ドウ　レテト　テクネス）」と言われているように、巧妙きわまりないと思われる工夫をしました。つまり盗んだ牛を七七〜七八行に、「前足が後ろに、後足が前になるように（タス　プロタス　オピステ、タス　ドピテン　プロタス）」と言われているようにしてあとずさりをさせて、後足が前に来て、前足が後ろに来るようなやり方で歩かせました。その上に彼自身はそこではいてきたサンダルを脱ぎ棄てて、代わりに八〇行に「何とも言いようのない、だれにも思いつきようのなかった（アプラステダノエタ）」と言われている、奇妙な履物を編んで足にまといました。それは八一行に「御柳と天人花の枝を編み合わせて作った（シュンミスゴン　ミュリカス　カイ　ミュルシノエイデアス　オズス）」と言われているような作り方をされた、八〇行に「驚嘆すべき作（タウマタ　エルガ）」と言われている通り、だれにも想像のつかぬ奇抜な創作物で、ヘルメスはこれを履いて盗んだ牛を追って歩いたので、足跡を見ると牛は牧場から出て行ったのではなく、そこへ帰ったようにしか見えず、しかもヘルメス自身の足跡からは、牛泥棒の正体がだれにもけっして分からないようにしたわけです。このようにして盗んだ牛の群れをヘルメスは、ギリシア本土の北の果てに位置していたピエリアから、ペロポネソス半島の西南端に近いピュロスのあたりまで、その夜のうちにはるばると追って行き、そこにあった牛舎の中に追いこんで隠しました。

　そしてヘルメスはそこでまたしても生後すぐに竪琴を発明し、さらにそのあと奇想天外な履物を工夫する為にも発揮した、持って生まれた「創意に富み、奸知にたけた」当意即妙の才智を見事に使って、以後の人間たちの役に立つことになる発明をやり遂げます。つまり一〇九～一一〇行に「月桂樹の見事な枝を取り、それを手に握ってざくろの木に突き立ててまわすと、熱い焔が生じた（ダプネス　アグラオン　オゾン　ヘロン、エン　ディレ　シデイオ　アルメノン　エン　パラメ、アンプニュト　デテルモス　アウトメ）」と言われているようにして、月桂樹の枝を火鑽り杵に、ざくろの木を火鑽り臼に使って火を発火させたのです。一一一行に、「ヘルメスが火打ち道具で火を作り出す術を、最初にもたらした（ヘルメス　トイ　プロティスタ　ピュレイア　ピュル　タネドケ）」と言われているように、こうして固い木と柔らかな木とを杵と臼のようにして擦り合わせて、火を生じさせる発火法を、このときに世界で最初にヘルメスが発明したとされています。

　このようにして火を燃え上がらせるとヘルメスは、盗んだ牛の内の二頭を引き出して殺し、肉を串に刺して焙ってから、一二七～一二九行に「油の滴る肉を火から引き出して、籤を引いて十二の部分に分け（エイリュサト　ピオナ　エルガ　レイオ　エピ　プラタモニ　カイ　エスキセ　ドデカ　モイラスクレロパレイス)」と言われているようにして、十二に分けて、オリュンポスの十二神へ供物として献げました。オリュンポスの十二神と言えばその一人は言うまでもなく、この日の夜明けに誕生したばかりのヘルメス自身にほかなりません。つまりこうして十二神への供犠をこのときはじめて施行したことでヘルメスは、赤ん坊の自分自身が押しも押されもせぬ主神の一人であることを、はっきりと宣明したわけです。

それから彼はこのときまで足に付けていた例の珍妙な履物を、一三九行に「深く渦を巻くアルペイオス河へ投げ捨てた(プロエエケン　エス　アルペイオン　バテュディネン)」と言われているように、付近を流れている河に流して捨てました。そしてそこから夜明けまでに大急ぎでキュレネ山の洞窟に帰り、音もたてずにこっそりとまた寝室にしのびこみ、揺籃にもぐりこみ産着にくるまって、何事もなかったようにすやすやと眠っているふりをしていたのです。

アポロンとヘルメス

だがこれだけの絶妙な工夫をこらしても赤ん坊のヘルメスは、すべての真実を見通す力を持つ予言の神であるアポロンを騙すことはできませんでした。翌朝になって牝牛がいなくなっていることに気づくとアポロンは、すぐにいなくなった牛を探しに出かけ、二一三〜二一四行に「長い翼の鳥を見てただちに、泥棒が誕生したばかりのクロノスの子ゼウスの息子の仕業であることを知った(オイオノン　デノエイ　タニュシプテロン、アウテイカ　デグノ　ペレテン　ゲガオタ　ディオス　パイダ　クロニオノス)」と言われているように、鳥占いによってすぐに牛泥棒が、生まれたばかりの自分の同父の弟の犯行であることを見破りました。そしてキュレネ山の洞窟にやって来て、そこで揺籃の中で産着にくるまれて眠ったふりをしているヘルメスに向かって、盗んだ牛の返還を厳しく求め、「牛をどうしたのかをすぐに言わねば、地底の奥深くにあって、そこに入った者は二度と出てくることのできない、暗黒界のタルタロスに投げこんでやる」と言って、威嚇しました。そうするとこのすべてを見通す予言の神の追及に対して、ヘルメスはしゃあしゃあとして、牛泥棒をしたのはけっして自分ではないと言って、次のような嘘をつきました。


レト(=アポロンの母神)の子よ、どうしてそんなひどい言葉を吐かれ、
また野に住む牛たちを尋ねて、ここへ来られたのですか。

わたしは見も聞きもせず、他の者の話も聞いていません。

わたしは何もあなたに教えてあげられず、教えて報酬を得る事もできません。

わたしは見ての通り、屈強な男のはずの牛泥棒には、似ても似つかぬ。

それは、わたしの仕業ではない。わたしに興味があるのは、もっと他のことです。

睡眠と、自分を生んだ母親の乳、
また肩まで襁褓にくるまることや、熱い浴湯などこそが、わたしには関心事です。

このわれわれの言い争いが、どうして起こったのか、その原因が、だれにも知られずにいるとよ

いが。

実際、不死の神々も、さぞかしびっくり仰天することでしょうよ。

まだ生まれたての赤児が、野に住む牛たちといっしょに、戸外に出たとは。

あなたは、まったく馬鹿げたことを言われる。

わたしはまだ昨日生まれたばかりで、足も柔らかいのに、堅い地面をどうして踏めましょうか。

もしお望みなら、父の頭にかけ、厳かに誓って申しましょう。

わたしは確言するが、自分がその犯人ではけっしてないし、
まだだれか他の者が、あなたの牛たちを、それがどんな牛か知らぬが、盗むのを見もしなかった。

ただその事件の噂をきいただけで。


そしてアポロンがこの厚顔な嘘に騙されずに、牛の隠してある場所にすぐに自分を連れて行くように、厳しく要求をし続けると、ヘルメスはアポロンが自分をどうしても牛泥棒だと言い張るのなら、ことの決着を自分たちの共通の父親のゼウスにつけてもらおうと言いました。そしてつい先ほどアポロンについた嘘の中で、「わたしはまだ昨日生まれたばかりで、足も柔らかいのに、堅い地面をどうして踏めましょうか」と言った、その舌の根の乾かぬうちに、三二〇～三二一行に「自分がさっさと先に立って砂地の上を歩き、ゼウスとレトとの息子が後からついて行った（エッシュメノス　デ　エペイタ　ディア　プサマトイオ　バディゼ　プロステン、アタル　カトピステ　ディオス　カイ　レト

ゥス　ヒュィオス)」と言われているように、自分がずんずんとアポロンを先導して、オリュンポスで神々の集まりを開いている最中だったゼウスの前にでました。そのときにゼウスが、そのヘルメスのあとを追うようにしてついて来たアポロンに対して言った言葉が本章の冒頭に訳出したものです。

さて、そうするとそのゼウスに対してアポロンは、ヘルメスがとんでもない大泥棒で、生まれてすぐ自分の牛を盗んでおいて、その牛泥棒はけっして自分の仕業ではないと、厚顔な嘘をつき続けていることを訴えました。するとヘルメスはゼウスに、三六九行に「わたしは真実だけを語る者で、嘘のつき方も知らない(ネメルテス　テ　ガル　エイミ　カイ　ウク　オイダ　プセウデスタイ)」と言われているような、これこそきわめつきと思われる大嘘を平気でつきながら、三六九〜三八六行で次のように言って、自分はけっしてアポロンの牛を盗んでいないという虚言を、厳かな誓いまでたてながら、ごうも悪びれずに主張し続けました。


父ゼウスよ、わたしはあなたに、間違いなく本当のことを申し上げます。

なぜならわたしは、常に真実を語る者で、嘘のつき方も知らぬからです。

彼は今日、日の出の直後に、歩みの鈍重な牛たちを尋ねて、わたしどものところへ来ました。

だが彼は、至福の神々のだれも、証人あるいは目撃者として、連れて来ませんでした。

彼はまったく無理矢理なやり方で、わたしに白状せよと命令し、広大なタルタロスへ投げこむと言って、わたしをさんざん嚇しました。

それというのも、彼は、輝かしい若さの柔らかな花の盛りだからです。

だがわたしは、彼もそのことを自身で承知している通り、昨日生まれたばかりで、
屈強な男のはずの牛泥棒とは、似ても似つきません。

どうか信じて下さい、何しろあなたは、このわたしの愛しい父であられるという、誉れをお持ちなのですから。

わたしが、裕福になろうとして、家へ牛たちを追って帰らず、
家の閾を越えて出ることも、しなかったことを。

これは、真実ありのままを申し上げているのです。

わたしは、ヘリオス（＝太陽）およびその他の神々を、非常に畏れます。

またあなたを愛し、彼のことも恐れています。

あなたご自身がご存知のように、わたしはけっして犯人ではない。

わたしは、ここに厳かな誓いをたてましょう、この不死の神々の住居の見事に飾られた戸口にかけて、絶対に「否である」と。

そしてこの無慈悲な詮索に対しては、いつか必ず彼に、たとえどんなに強くても、仕返しをしてやります。

だがあなたはどうか、より幼い者の方に味方してください。

このヘルメスの詭弁を聞いてゼウスは、三八九〜三九〇行に「この悪知恵にたけた子が、上手にかつ巧みな言辞を弄して、牛についての事件を否定するのを見て、大声を上げて笑った（ゼウス　デ　メゲクセゲラッセン　イドン　カコメデァ　パイダ）」と言われているように、このずる賢い赤ん坊が自分の思い通りの大泥棒で大嘘つきであることが、ますますはっきりしたのを見て、大笑いをして喜びました。実際にヘルメスが厳かな誓いをたてて否定したのは、アポロンの牛を自分の家に追って帰ったことで、彼は牛を自分の住居のキュレネ山の洞窟ではなく、ピュロスの近くに隠したのですから、アンベールが指摘している[1]ように、彼は自分の誓いが偽りの誓言になることは巧みに回避していたわけです。

それからゼウスは三九一〜三九二行に「彼は両者に心を一つにして、探索をするように命じた（アンポテルス　デケレウセン　ホモプロナ　テュモン　エコンタス　ゼテウエイン）」と言われているように、アポロンとヘルメスの両者に、いっしょに協力して牛のいる場所を探すように命令しました。それでこの父神の指示に従って、ヘルメスは自分が先に立ってアポロンを、牛の隠してある場所まで連れて行ったとされているわけです。

そこでアポロンは、残されていた牛の皮から、ヘルメスが盗んだ牛の内の二頭を殺した上にちゃんと処理したことを知って、生まれたばかりの赤ん坊にそんなことができたことに驚嘆しました。ヘルメスはそれでアポロンの機嫌を取り結ぼうとして、自分が発明した竪琴を鳴らし、それに合わせて即興の詩を歌って聞かせて、その演奏の絶妙な美しさによって、アポロンをすっかり感心させました。そして竪琴を、その持ち主としてもっとも相応しい音楽の神のアポロンに贈って大喜びさせ、自分はその代わりにその場でアポロンからあらためてもらい受けた牛だけでなく、すべての家畜のことを司る牧畜の神となり、そのしるしにアポロンから、四九七行に「輝く鞭（マスティガ　パエイネン）」と呼ばれている牧畜の道具の鞭をもらい受けました。これによってアポロンとヘルメスのあいだには、前者が音楽の神で後者が牧畜の神という、役割の分担がはっきり定まったのです。

　そのあとアポロンはヘルメスが、自分に竪琴を贈ったあとすぐに、葦笛のシュリンクスを考案してそれを巧みに奏でるのを見て、ヘルメスの機略が縦横であることに、あらためて心の底から感嘆しました。しかし、そのように感嘆する一方で、ヘルメスがその大泥棒の才覚を発揮して、いま贈ってくれた竪琴だけでなく、もう一つのアポロンに不可欠の宝物である弓まで盗むのではないかと心配しました。ヘルメスはそれで、冥界を流れる河のステュクスの水にかけて、不死の神々にも破ることがけっして許されない厳かな誓いをたてて、自分は今後アポロンの所有物を盗むことはけっしてしないと約束して、アポロンのその心配を取り除いてやりました。そうするとそのことに感謝してアポロンはヘルメスに、五二九〜五三〇行に「黄金造りで三重の葉を持つ、繁栄と富をもたらす見事な美しさの杖（オルブ　カイ　プルトゥ　ペリカレア　ラブドン、クリュセイエン、トリペテロン）」と

（1）Humbert, J., *Homère Hymnes, Collection des Universités de France*, (Société d'Editions *Belles Lettres*), Paris, 1959, p.132, n.1.

言われているような、伝令の役を果たすしるしとなる杖のケリュケイオンを贈った上に、すべての不死の神々と人間たちの中で自分は今からは彼をだれよりも愛すると約束しました。このアポロンがヘルメスに対して持った愛情のことは、五七四〜五七五行には「こうして主であられるアポロンはマイアの息子に、あらゆる種類の愛情をそそいで愛おしまれた（フト　マイアドス　ヒュイオン　アナクス　エピレセン　アポロン　パントイエ　ピロテティ）」と言われています。

アポロンとヘルメスの二神が神々のあいだで、格別に親密であることはたとえば、『オデュッセイア』の第八歌で両神が取り交わしたことが歌われている対話からも、はっきりと見てとることができます。『オデュッセイア』Ⅷ、二六七以下には、自分の妻であるアフロディテがアレスと密通を重ねていることを、太陽神のヘリオスから知らされたヘパイストスが、寝台に目に見えぬ枷を張りめぐらし、その上で抱き合ったアレスとアフロディテを、この罠で身動きができないように捕らえておいて、その場所に男神たちを呼びあつめて、あられもない姿でいる妻の女神と間男の神をみんなの晒し者にしたことが歌われています。そうするとそこに集まった他の男神たちは、三二九〜三三二行によればたがいにこう言い合いました。

悪事はいつまでも栄えていることはできない。遅い者でも俊足の者に、追い着くのだから。今も足の遅いヘパイストスが、オリュンポスに住む神々の中でもっとも脚の速いアレスを捕らえた。足が不自由であるのに、技術を使って。こうなってはアレスも、密通の償いをせねばなるまいよ。

そうするとアポロンは、そこでわざわざヘルメスに言葉をかけて、三三五～三三七行によれば彼にこう質問をしました。

幸いを授ける導き手である、ゼウスの息子ヘルメイアスよ、君は頑丈な鎖で締め付けられてでも、黄金のアフロディテと、同じ床で寝たいと思うかね。

するとヘルメスは三三九～三四二行によれば、この質問にこう答えました。

もしそうできていたら、どんなによかったろうか。遠くから矢を射る主なる神であるアポロンよ。この三倍の長さの鎖で、ぐるぐる巻きにされて、あなたたち男神たちだけでなく、すべての女神たちに見つめられてでも、私は黄金のアフロディテと並んで横になりたい。

そうするとこのヘルメスの答えを聞いて、他の男神たちはどっと大笑いをしたと言われています。それは彼らがみな内心では思っていたが、あからさまに言葉に出すのが憚られて、あえて口にできなかった本音が、ヘルメスによって臆面なく吐露されたからでしょう。

このようにして誕生した翌日にはアポロンとのあいだに、どちらにとっても大きな利益となる交換をし、取引を成立させたことでヘルメスは、交易と商売のことを司る神になりました。また生まれたその日のうちに、キュレネ山の洞窟からはるばるピエリアまで行き、そこからその夜の内にピュロスの近くまで牛の群れを追って行き、さらにその場所からまたキュレネ山の洞窟まで戻るという、大旅行をやり遂げたことで彼は、旅の守護神となり、それによって死者の霊魂に、冥府のハデスのもとまで旅をさせる、「霊魂の導者（プシュカゴゴス、プシュコポンポス）」の役を果たすことも、ヘルメスの重要な働きの一つになったのです。そのことは讃歌の五七二〜五七三行に、「ただ彼一人だけが、ハデスからの信任を受けたこの神への使者となり、そのことで贈り物をすることのない者（＝ハデス）も、彼（＝ヘルメス）には些少ではないこの特権を与えることになったのだ（オイオンデイス　アイデン　テテレスメノン　アンゲロン　エイナイ、ホス　タドトス　ペル　エオン　ドセイ　ゲラス　ウク　エラキストン）」と言われています。神々の中でヘルメスが一人だけ例外的に、ハデスとのあいだに親密な関係を持ちえていたことは、神々と巨人たちとの戦いのおりに彼が、地下にいて戦闘に加わることのできぬハデスから、その持ち物の被ると姿の見えなくなる兜を借りそれを着用して戦ったとされ、また英雄のペルセウスにゴルゴンのメドウサの頭を取る冒険を果たさせるためにも、ハデスから同じ兜を借りてやったとされていることなどからも、はっきりと窺い知ることができると思われます。

ガイアと戦うゼウス

自分といっしょに世界を支配する主要な神の中に、このように本当にユニークと言うほかない性格と能力を備えた神を持つことは、ゼウスにとって明らかに、ぜひとも必要なことでした。ヘルメスの奇才がゼウスに、不可欠な貢献をした話を一々あげれば枚挙にいとまがありませんが、ここではそのような話のもっとも典型的な例として、ヘルメスがその大泥棒の手腕を見事に発揮してくれたことでゼウスが世界の支配者の地位を失う破目に陥るのを、すんでのところで免れたという話をあげておくことにします。この問題の事件は、ゼウスがテュポンともテュポエウスとも呼ばれる、怪物と戦ったときに起こったとされています。

ギリシア神話のもっとも標準的な概説書と見なせる、伝アポロドロス著『ビブリオテケ』（I、六）によれば、大地女神ゲ（＝ガイア）が、自分がそのために産み出した巨人たちが、ゼウスを中心とする神々との戦いに一敗地に塗れて全滅してしまい、ゼウスを世界の支配者の地位から失墜させることに失敗したあとで、地底の暗黒界であり神でもあるタルタロスと、情交を遂げて産んだ、名状し難いほど巨大で不気味な怪物がテュポンでした。ヘシオドスの『神統記』八二一行には、「ガイアが最後に産んだ、何とも巨大な子だった（ホプロタトン　テケ　パイダ　テュポエア　ガイア　ペロレ）」と言われています。伝アポロドロス著『ビブリオテケ』（I、六）には、その真に奇々怪々で見るからに恐ろしい姿の物凄さは、次のようだったと描写されています。

彼はその巨大さと力で、ゲが産んだすべてのものを凌駕し、腿までは人の形をしていて、どの山よりも高く聳え立つほど、途方もなく大きくて、頭はしばしば星を摩していた。手は延ばすと一方は世界の西の端に、一方は東の端にとどき、肩からは百の竜の頭が生えていた。腿から下は巨大な毒蛇がとぐろを巻いた形をしていて、それを延ばすと頭までとどき、シュウシュウという大音響を発していた。彼の全身には羽が生え、頭と顎からは乱髪がもじゃもじゃと生えて風にはためき、目からは火を放っていた。

テュポン（＝テュポエウス）の肩から生えていたという、百の竜の頭のことは、ヘシオドスの『神統記』では、八二四〜八三五行でこう歌われています。

　彼の肩からは、百の蛇、恐ろしい竜の頭が生え、
黒い舌が、そこからちらちら、ひらめき出ていた。
不可思議きわまる、それらの頭には、
眉の下に、災いの輝きを発する眼があり、
それらの恐ろしい頭からは、また、
あらゆる種類のなんとも名状し難い音を出す声が発せられた。
すなわち彼は、あるときは、神々に理解される音声を出し

またあるときは、高いほえ声を上げる、
気性激しく、抑えようのない、
傲岸な牡牛の声音を。
またあるときは、残忍な心を持つ獅子の声音を、
またあるときは、なんとも不思議に聞こえる、仔犬たちの鳴き声に似た声音を出した。
またあるときは、彼はシュウシュウいう音を発し、下方で高い山々が、それにこだまを返した。

このようななんとも凄まじい姿をした、途方もなく巨大な怪物が、伝アポロドロス著『ビブリオテケ』によれば、火のついた岩を投げ、口からは烈火を噴き出しながら、物すごい叫び声をあげて、天に向かって突進してきたので、巨人たちとの戦いではそれぞれの仕方で勇ましく参戦したゼウスを除くオリュンポスの神々も、たちまち恐怖に取りつかれて、エジプトに逃げ、そこでいろいろな動物に姿を変えて身を隠すことしかできなかったと言われています。アントニヌス・リベラリス（二八）によれば、アポロンはこのとき鷹に、ヘルメスは猫に変身しました。オウィディウスの『変身物語』（五、三二一）には、ユピテル（＝ゼウス）自身も、このときいったんは雄の羊に姿を変えたという話も語られています。ゼウスにほかならないエジプトのアムモン神はそれで曲がった羊の角を持った姿で、表わされているのだというのです。オウィディウスによればアポロンはこのとき烏に、バッコス（＝ディオニュソス）は山羊に、ディアナ（＝アルテミス）は猫に、メルクリウス（＝ヘ

ルメス）はトキに身をやつしたと伝えられています。

だがゼウスだけはいつまでも逃げていませんでした。一人だけでテュポンに向かって行って、伝アポロドロス著『ビブリオテケ』（I、六）によれば、まず遠くから雷を投げつけてから、近づいて鉄より堅い金属であるアダマスでできた鎌を振るって戦い、テュポンを負傷させ、逃げるのをシリアのカシオス山まで追って行き、そこで組み打ちになりいったんは負かしてしまいそうになりました。だがそこでテュポンが反撃に転じます。大蛇の形をした足のとぐろでゼウスをしっかりと締めつけ身動きできなくしておいて、鎌を奪い、それでゼウスの手と足の腱を切り取りました。そして抵抗できなくなったゼウスを、小アジアの南のキリキアまで肩に乗せて運んで行って、そこにあったコリュキオンという岩屋に押しこめ、ゼウスから取った手足の腱も、熊の皮の中に隠してその岩屋にしまいました。それからデルピュネという、上半身は人間の女で、下半身は蛇の姿をした竜女にその番を命じておいたのです。

このゼウスの危機を救ったのがヘルメスでした。ヘルメスは、自分の息子のアイギパンという半分は山羊の姿をした神といっしょに、テュポンにもデルピュネにも気づかれずにまんまと隠されていた腱を盗み出して、ゼウスの手足にまたこっそりと元通りにつけてやったのです。そのおかげで力をすっかり取り戻したゼウスは、有翼の天馬ペガソスの引く戦車に乗り、天からまた雷を投げつけながら、逃げるテュポンをトラキアなど方々に追って行った末に、最後にシシリー島まで逃げたところでエトナ山を投げつけました。こうしてこの火山の下敷きにしてようやくこの難敵との戦いに勝って、世界の支配者であり続けることになったのだとされています。

ゼウスが彼の不滅の計画によって、ヘルメスにあらかじめ持って生まれさせておいた大泥棒の性質と手腕はこのように、ゼウスとテュポンの戦いでは、ヘルメス以外の他のだれにもけっして為し得なかった、貴重な働きをしました。もしもこのときオリュンポスの神の一人に、ヘルメスという稀代の大泥棒の神がいなかったら、ゼウスはテュポンとの争闘で一敗地に塗れて、神々の王の地位を簒奪されてしまうところだったのです。そしてそうなれば『神統記』の八三六行に、「取り返しのつかぬ仕業（エルゴン　アメカノン）」と形容されている、起こってはけっしてならぬ出来事が、実現してしまうところでした。つまり『神統記』八三七行に言われている、ゼウスではなくテュポエウス（＝テュポン）が、死すべき人間たちと不死の神々に王として君臨し、その場合には世界はあとでまた詳しく見るように秩序を失って混沌に逆戻りすることになっていたわけです。

『神統記』にはゼウスがテュポエウスとの戦いに勝利したことが述べられたあとに続けて、ガイアに勧められて神々がゼウスに、王として自分たちを支配してくれるように懇願し、その要請に従ってゼウスが神々に、それぞれの役目を定めてやったことが、八八三～八八五行にこう歌われています。

ガイアの賢慮に従って、彼らは、オリュンポスの遠くまで見通すゼウスに、
王となって、不死の神々を統べ治めるように懇願した。

そこでゼウスは、神々に、それぞれの権能を分け与えた。

つまり自分がゼウスに挑戦させようとして最後に産んだ、最強の息子のテュポエウスが、ゼウスの王権を覆すことに失敗して、惨めな敗北を遂げたのを見てガイアは、ゼウスがこれまで世界の支配者の地位につけては交代させせることをくり返してきた神たちとは違って、ガイアにも地位を交代させせることのできぬ世界の支配者であることを覚って、神々にゼウスを彼らの王に戴いて、その支配に服従するように勧めたのでした。それでこの賢い勧告に従って神々は、ゼウスに自分たちの王になってくれるように懇願し、それによって神々の王の地位を確保したゼウスは、自分のもとで世界をいっしょに支配することになる神々のあいだにも、それぞれが果たさねばならぬ役割の違いを、はっきりと定めました。そしてそのことで、そのなかで神々をはじめあらゆるもののあいだに区別が明確に設けられていて、あるものと別のものが混同されることのない秩序が、世界に打ち立てられることになったのだとされているわけです。

そもそもどうしてガイアはゼウスに対して戦いをしかけたのでしょうか。ガイアが自ら進んでゼウスを、不動の神々の王として認めるより前に、ガイアはまず、長子の天空神のウラノスを自分の夫にして、世界の支配者の地位につけていました。だがガイアがウラノスの子として、百本づつの手と五十づつの頭を持つ三人のヘカトンケイルたちと、額のまん中に目を一つだけ持っているこれも三人のキュクロプスたちを産むと、ウラノスはこれらの怪物の子どもたちを嫌って、生まれるとすぐに身動きができないように縛り上げて、ガイアの腹の中に戻して地下に閉じこめてしまいました。それでガイアはウラノスが自分の産んだ彼の子たちに無慈悲な取り扱いをし、また腹に重荷を押しこめて自分を苦しめていることに激怒し、アダマスという、前にお話したように鉄より硬い金属を産み、それでのこぎりのようなぎざぎざの刃のついた鎌を作り、末子のクロノスに命じてその鎌を使って父を去勢させて、クロノスを神々の王にしました。

だがクロノスはガイアから、自分が父のウラノスの地位を簒奪したように、自分自身も息子によって神々の王の地位を奪われる運命にあると、宣告されていました。それでその運命が成就するのをなんとか避けようとして、妻にしたレイア女神が次々に産む子どもたちを、生まれるとすぐにレイアから奪って、腹の中に呑みこんでいました。しかしレイアが最後に産んだゼウスは、誕生するとすぐにガイアによってクレタ島の岩屋の中に隠され、そこで土地のニンフたちによって育てられました。そして成長するとガイアの教えに従ってクロノスを騙して吐き薬を飲ませ、腹に呑みこんでいた兄たちと姉たちを吐き出させました。それから兄のポセイドンとハデスと協力し、自分に味方する神々を集めて、それまで世界を支配していたクロノスと、彼の兄で自分自身には伯父たちに当たる、ティタンと呼ばれる神たちに対して戦争をはじめました。この戦争は十年間続いても、まだ勝負がつきませんでしたが、そのときにゼウスはガイアから、「地下に閉じこめられたままになっているキュクロプスたちとヘカトンケイルたちを地上に連れてきて味方にすれば、ティタンたちに勝てる」と教えられました。それで彼はさっそく、ポセイドンとハデスといっしょに地下に降り、怪物の伯父たちの縛めを解いて、太陽の下に連れ出しました。

そうすると彼らは感謝してゼウスの味方になり、鍛冶の名手だったキュクロプスたちは強力な武器を作って、ゼウスと彼の兄たちに献上しました。ゼウスが受け取ったのは無敵の威力を持つ雷で、ポセイドンには先が三叉に分かれた戟が、ハデスには被ると姿が見えなくなる兜が贈られました。ヘカトンケイルたちは戦場で、それぞれ百本ある怪力の手で巨大な岩をつかみ、雨霰のようにティタンたちに投げつけました。それでティタンたちは、ゼウスの雷に打たれて目が見えなくなったところに、ヘカトンケイルたちが一度に三百づつ投げつける山のような大岩の下敷きにされ、身動きができなくなってついに降参しました。

このようにしてゼウスは、ガイアに助けられて生後すぐに父に呑みこまれるのを免れて無事に成長できたあとに、そのガイアの教えに従って、父のクロノスとティタンたちに挑戦して、彼らとの激戦に勝つことができたとされているわけです。こうして打ち負かしたクロノスとティタンたちをゼウスは、それぞれの名をギュエスとコットスとブリアレオスという三人のヘカトンケイルたちに命じて、枷で厳重に縛って地底の暗黒界のタルタロスに閉じこめました。そのことは『神統記』の七一七～七二一行に、こう歌われています。

それから彼ら（＝ギュエスとコットスとブリアレオス）は、ティタンたちを、
広い道の行き交う大地の下へ連れて行き、

腕の力で負かした、すこぶる倨傲な者たちを、
苛酷な枷に、縛り付けた。
そこは、天が大地から隔たっているのと同じくらい、大地のはるか下である。
なぜなら、大地から闇莫なタルタロスまでは、それほど遠いのだから。

この陰惨きわまりない地底の牢獄からティタンたちが、絶対に脱出できぬようにするためにゼウスは、海の支配者であると同時に地震の神として地底とも縁の深いポセイドンに命じて、タルタロスのまわりに堅固な青銅の壁と青銅の門を築かせました。そしてその門の番に当たらせるために、ヘカトンケイルたちを地底の果てに住ませることにしたのだとされ、そのことは『神統記』七二九〜七三五行に、こう歌われています。

そこに、ティタン神たちは、雲を集めるゼウスの意向によって、
闇莫な暗闇の中に隠されている。
巨大な大地の果ての、陰湿な場所に。
そして彼らは、決してそこから出ることはできない。
ポセイドンが青銅の門を閉ざし、その両側に青銅の壁が巡らされているのだから。
そこにギュエスと、コットスと、度量の大きなブリアレオスとが、

山羊皮盾を持つゼウスから、忠実な見張り役に任命されて住んでいる。

だがゼウスがこのように、容赦の無いやり方で、クロノスとティタンたちを地底の暗黒界の牢獄に幽閉したことは、それまでゼウスの味方であり続けてきたガイアを、一転してゼウスに対して激怒させることになりました。クロノスとティタンたちは、彼女に叛いて怒らせはしましたが、ガイアが腹を痛めて産んだ息子たちだったからです。それで自分にとっては反逆者であっても、可愛い息子たちで、ゼウス自身にとっては父と伯父たちだったクロノスとティタンたちに対して、このような苛酷な取り扱いをしたことを怒ってガイアは、前にウラノスとクロノスに対してしてきたようにゼウスにも、自分が助けて手に入れさせてやった、世界の支配者の地位を喪失させようとしました。そしてそのためにまず巨人たちを、そして最後には究極の怪物だったテュポン＝テュポエウスを産んで、ゼウスと戦わせたとされているわけです。

だがこのガイアがそのために最後に産んだもっとも強力な怪物のテュポン＝テュポエウスが、いったんは見てきたようにゼウスをあわやというところまで脅かしはしましたが、けっきょくは彼に惨敗を喫したことで、ゼウスは祖父のウラノスや父のクロノスとはちがって、ガイアにも交代させることのできぬ世界の支配者であることが、明らかになったわけです。このときまでガイアは、ウラノス、クロノスそしてゼウスと三代にわたって世界に君臨する神を、自分の思い通りにその地位につけては取り替えることをくり返してきました。まず最初には子のウラノスを自分の夫にすることで、世界の支配者の位置を占めさせ、次にはクロノスに命じそのウラノスを去勢させて、クロノスを神々の王にしました。そしてそのあと、ゼウスを生後すぐに助けて成長させてやった上に、ティタンたちとの戦いに勝つまで適切な援助を与え続けて、ゼウスが神々の王になるようにしたわけです。そのあいだ世界を支配していたのは、表向きはガイアによってその地位につけられた男の神たちでしたが、その世界の支配者の男神は、ガイアの意思に逆らうことをすれば、すぐに他の者に代えられることがくり返されていたので、世界の趨向を実際に取り仕切っていたのは、表向きの支配者だった男神ではなく、その背後にいたガイアだったわけです。

しかしゼウスのテュポン＝テュポエウスに対する勝利によって、このくり返しには見てきたようにはっきりと終止符が打たれました。テュポン＝テュポエウスの敗北を見てガイアも、自分がそうなるのを助けたゼウスが、神々の王であり続けるのを妨げることが、どのようにしても不可能であることを覚りました。そして自身も思い知った彼の無敵の力を、他の神々にも納得させ、ゼウスにそうなってくれるように神々みんなに懇請させたので、ゼウスは押しも押されもせぬオリュンポスの神々の王として、不動の地位を固め、世界にその中で神々のあいだにも役割の区別がはっきり定まっていて、事物のあいだの混同が許されぬ秩序を確立したのだとされているわけです。

ヘルメスが生まれた意味

もしもゼウスがこのときに、テュポン＝テュポエウスとの戦いに敗れ、世界の支配者の地位をこの怪物に奪われていれば世界には、ゼウスによって確立されたこの秩序とは正反対の、その中で何の区別も定まっていない混沌の状態が現出するところだったことが明らかだと思われます。ゼウスが敗れていたとしたら世界に跳梁することになったテュポン＝テュポエウスは、腿までは巨大な人の形をしていて、肩からは百の竜の頭が生え、腿から下は毒蛇がとぐろを巻いた形になっていて、全身に羽根が生えていると言われているような、何とも定義できない奇怪な姿をし、さらに『神統記』によれば、その百の竜の頭から発せられる声も、あるときは神々に意味が理解できるが、あるときは牡牛の唸り声、あるときはライオンの咆哮のようで、またあるときは仔犬の鳴き声に似た不思議な声を出し、あるときは大蛇のようにシュウシュウいう音響を発し、下で山々がこだまを返したと言われています。つまり形状だけでなく声もさまざまに変幻して、区別のつけようが無かったとされているわけです。このようなテュポン＝テュポエウスが世界に君臨すれば、混沌の状態になるしかありません。

『神統記』一一六行には、「まずまっ先に生じたのはカオスだった（ヘ　トイ　メン　プロティスタ　カオス　ゲネト）」と言われて、世界の生成がまず最初に、その中でまだものと他のものとのあいだに何の区別も無い、巨大な淵のカオスが発生したことで緒についたことが歌われています。そしてそのカオスに続いてまずガイアと、愛の神のエロスが生じ、そのあとにカオスから闇エレボスと夜ニュクスとが生まれ、男性だった闇エレボスが夜の女神ニュクスと、エロスの働きによって最初の夫婦になり、そのあいだに光明アイテルと昼の女神のヘメラが生まれたことで、闇と光明、夜と昼が区別され、さらにガイアがウラノスを産んだことで天と地が区別されて、それによって混沌から始まった世界に秩序が成り立っていく過程が進んで行くことになった次第がのべられています。

ウラノスが世界の最初の支配者の位置を占めたことも、そのウラノスからクロノスへ、そしてクロノスからゼウスへと、天上の支配者が交代したことも、それぞれがこの世界秩序が成立する過程が、画期的な前進を遂げる意味を持った出来事でした。ところがゼウスに対して、テュポン＝テュポエウスが戦いを挑んだことが持っていた意味は、これらとは明らかにまったく違っていました。テュポン＝テュポエウスによるゼウスの王位の簒奪は、もしも実現していたとすれば、それまで紆余曲折を経ながら前進を続けてきて、いまやまさに完成されようとしていた世界秩序の確立をすっかり御破算にし、世界をまた元の振り出しのカオスに戻してしまうことだったからです。テュポン＝テュポエウスが紛うことなく、カオスを代表し体現する意味を持った存在だったことは、『神統記』八六九〜八八〇行に次のように歌われていることからも、はっきりと確められます。

テュポエウスから、烈風の息吹が発生する。
それは、ノトスとボレアスと晴天をもたらすゼピュロスのことではない。
これらは、神々から生まれた風たちで、死すべき人間どもにとって、大きな助けとなる。

ところが、これらと違う別の風どもは、海上を突風として吹き、
霧の立ちこめる海原に、襲いかかり、
死すべき人間どもにとって、大きな災いとなり、ひどい旋風となって、荒れ狂う。
そのときどきで、吹く方向が違い、船を四散させ、航海する者たちを滅ぼす。
海原の中で、これらの風と出会う人々には、
その災いから助かる術は、何もない。
また、花咲き乱れる、果てしのない大地の上では、
地上に生まれる人間どもの大切な作物を、すっかり台なしにしてしまう。
塵埃と、痛ましい混乱の中に、それらを埋没させて。

『神統記』三七八〜三八〇行には、西風のゼピュロスと北風のボレアスと南風のノトスが、曙の女神のエオスがアストライオスという神と結婚して産んだ風の神たちであることが、こう歌われています。

　アストライオスの子として、エオスは、強靭な心の風たちを産んだ。
空を明るくするゼピュロスと、迅速に吹き過ぎるボレアスと、
それにノトスを、女神である彼女が、神と愛により同衾を遂げて。

つまりこれらの風はそれぞれがゼウスによって、世界の中で果たさねばならぬ役割を定められている神なので、吹く方向と時期が一定しており、人間がそれらを利用することも、また害を受けぬように予防策を講じておくこともできるわけです。だがこの世界にはこのような、人間に予測ができそれ故に対処が可能な、秩序に属する神である風だけが吹くわけではありません。海上でも陸上でもしばしば方向も時期も定まらず従って予測し対処することがまったく不可能な突風が、どちらに向かっていつまで吹くのか分からぬ旋風となって荒れ狂って、人間に悲惨な災害と破滅をもたらします。これらの風はゼピュロスやボレアスやノトスとは違って、区別の無いカオスに属する風で、それが吹き荒れるときには世界はつかのまのあいだ、混乱と無秩序の跳梁するカオスの状態に陥ってしまいます。

ヘシオドスはこのような、世界の秩序をつかのま消滅させて、カオスの無秩序に変えてしまう風を時おり送ってくるのは、ゼウスによって打ち負かされほとんど無力の状態になって、地下に閉じこめられているテュポン＝テュポエウスだと言っているわけです。つまりテュポン＝テュポエウスは、見たようにゼウスに完膚なきまでに敗北し、気息奄々の状態になっても、なお完全に死にはせずに、このような無秩序の風を吹き送ることで、ゼウスが世界に打ち立てている秩序をカオスに変えようとする働きを、根強く続けていることになっているわけです。

ゼウスがテュポン＝テュポエウスとの戦いに、いったん完敗しかけて、手足の腱を取られてしまったときには世界はそれ故にまさしく、この無秩序そのものの怪物の跳梁するままになり、カオスに逆戻りしてしまう寸前の絶体絶命の危機に陥っていました。そしてそのときまさにすんでのところでその世界の危機を救ったのは、テュポン＝テュポエウスが熊の皮に包み、洞窟の中に隠してデルピュネに番をさせていたゼウスの腱をまんまと盗み出して、彼の手足に元通りに取りつけた、ヘルメスの稀代の大泥棒の仕業だったとされているわけです。

ゼウスが見たように大泥棒の資質を持って生まれさせておいた神のヘルメスはこのように、この世界の秩序が確立されるために決定的だった局面で、泥棒の神でなければけっしてなし得なかった貴重な貢献をして、「偉大なゼウスの心（メガロイオ　ディオス　ノオス）」があらかじめその必要を見通していた通りの仕業を、だれもがあっと驚かずにいられない稀代の離れ技のようにして、ものの見事に達成しました。そしてそのことによってヘルメスがそうであるような泥棒の神が、ゼウスの世界支配のためにぜひとも必要で、他のだれにも代わりえない不可欠の役を演じることを、まさにこの上ないと思われるほど明瞭なやり方で、はっきりとさせたことになっているわけです。

第二章　福神の目がひらくとき

――プルトスはわたしたちを幸せにできるのか

福神はなぜ目が見えないのか

アリストパネスが、紀元前三八八年、彼の作品として最後に上演したことが知られている喜劇の『プルトス（福神）』には、ゼウスによって目の見えぬ神にされていた、この劇の主人公の福神プルトスの目が、医神アスクレピオスによって癒された、その治療の有様が、生々しい叙述によって物語られています。プルトスは農業の女神デメテルが、イアシオンと情交して産んだ子だったとされています。イアシオンは、アトラスの娘のエレクトラが産んだ息子の一人で、一伝では父はゼウス自身だったとも言われています。英雄のカドモスが、アレスとアフロディテの娘のハルモニアを妻に娶り、人間の英雄と女神のこの結婚が、神々がこぞって参集し盛大に祝われたときに、デメテルはその席に居合わせたイアシオンのえも言われぬ魅力に情欲をそそられて、彼と交合しました。ヘシオドスの『神統紀』（九六九～九七二）によれば、そのために女神はイアシオンと豊穣なクレタ島に行き、そこで三度鋤き返らせた肥沃な畑の畝から、プルトスを分娩しました。肥沃な畑を、何度もくり返して鋤で入念に耕したということは明らかに、女神が農作物の富を無尽蔵に産みだす自身の体に、イアシオンの陽根を思う存分に突き立てさせて、攪拌させたことを含意しています。それでこの交歓によって誕生した富の化身であるプルトスは、絶えず地上の到るところを往来しては、出会う人の腕の中に入ると、その人をたちまち富ませ、大きな福を授けるのだとされるのです。ただこのようにしてプルトスによって富ませられるのが、そうなるのが当然と思われるような行いの正しい人たちばかりではけっしてなく、かえってこの神の恩恵に価しないと思われる不正な人々である場合の方がずっと多いことから、プルトスは目が見えず、善人と悪人とを正しく見分ける能力を欠いていると考えられるようになりました。

問題の劇の冒頭でプルトスは、みすぼらしいみなりをした目の見えぬ年寄りの姿で、手探りをしよろめきながら登場します。彼が向かって行く先には、舞台の奥に一軒の家があり、その家の主人の農夫クレミュロスは、奴隷のカリオンを従者に連れて、プルトスのあとからついて来ています。二人はデルポイのアポロンの神殿で神託を受けてきたので、そのしるしに二人とも月桂樹の枝を編んで作った冠を被っており、カリオンは神託所で犠牲に供えた肉の一片の入った容器を手に持っています。劇が始まるとまずカリオンが、デルポイを出てからそれまで、自分には気が狂っているとしか思えない主人の奇矯な振舞いに何の文句も言わずに黙って従ってきたことに、ついに業を煮やしてクレミュロスに、「目の見える者が目の見えぬ者を先導するのが当然であるのに、なぜ自分達はこんな目の見えぬ年寄りのあとをひたすらついて来ているのですか」といって、こんなことをしているわけの説明を求めます。クレミュロスはそれで、そのようにしていることのわけをこう説明します。

クレミュロスは劇の中で自分のことを、「この私は、敬神の念の篤い正しい男だ（エゴ　テオセベ

ス　カイ　ディカイオス　オン　アネル）」と言い、プルトスに向って憚らずに、「あなたさまがいくらお探しになられても、私より以上に行いのよい男は、けっして見つからないでしょう（ウー　ガル　ヘウレセイス　エム　ゼトン　エタンドラ　トウス　トロプス　ベルティオナ）」と、言い切っているまさにその通りに、田舎で正直な農夫の暮らしにひたすら励んできました。だが、彼は「これまで一向によい目に会えず、貧乏であり続けてきました（カコス　エプラットン　カイ　ペネス　エン）」。それなのにそのあいだに町では「神殿で盗みを働く者たち（ヒエロシュロィ）」や、「演説を生業とする者たち（レトレス）」や、「告訴を儲けのために常習する者たち（シュコパンタイ）」などの「邪悪な徒輩（ポネロィ）」が、これ見よがしに富み栄える有り様が、いやというほど目撃されてきました。

クレミュロスはそれで、彼自身は今になって生き方を変えるつもりはないが、自分が大切に育ててきた一人息子に、自分と同じまっとうな処世をさせるのがよいか、それともその方が生きて行く上でずっと役に立つと自分に思えるように、やり方をすっかり変えさせて、破廉恥で不正直で信頼できるところが何もないようにならせた方がよいのかを尋ねようとして、カリオンを連れてデルポィに参詣しました。そうすると神託は彼に、託宣所を出て最初に出会う者をけっして離さずに、その者を自分の家に来させるようにせよと、命じたのだと言うのです。そしてカリオンが彼に、「それで最初に出会われたのはいったいだれなんです」と尋ねると、前にいる目の見えぬ年寄りを指さして、「それがこの人なのさ」と言います。それでクレミュロスとカリオンは、それまで彼らがだれであるか知らずにただひたすらあとをついてきたその年寄りに、いったい何者なのかを詰問することになります。

二人に問い詰められてその年寄りは、「よく聞きなさい。どうやら私が隠しておきたかったことを、言わねばならぬようだから」と言った上で、「この私こそじつはプルトスなのだ（エゴ　ガル　エイミ　プルトス）」と言明して、それまで秘密にしていた自分の正体を明かします。だがそう言われてもクロミュロスには、自分の前にいるこのすっかり尾羽打ち枯らしているとしか思えぬ、目の見えぬ年寄りが、本当に人々にふんだんに富を授けて仕合せにしてくれる福神だということを、すぐには納得することができません。それで彼は何度も質問をくり返して、そこにいるのが正真正銘のプルトスにまちがいないことを確かめます。そしてその上で、「それではそのあなたがいったいどうして、こんな不幸な目にあっていられるのかを、どうか私に話してください」と言ってプルトスに、その福神である彼がそんな見すぼらしい姿で、人々のあいだを彷徨する破目に陥っているわけを尋ねます。

そうするとプルトスは、「自分は若いときには目が見えて、そのときはただ正しい者だけを富ませていたが、そのことが人間のあいだで行いのよい者だけが繁栄するのを望まないゼウスの逆鱗に触れた。それでゼウスが自分から視力を奪って、自分に正しい者を見分けることができなくしてしまったのだ」ということを、こう言って説明します。


ゼウスが人間どもに悪意を持たれて、このことをされたのだ。若者だったときには私は、正しい人たちと、賢い人たちと、行いの立派なひとたちのところにしか行かないと高言していた。あのお方はそれで、私の目を見えなくして、そのような者をだれも見分けることが、私にできないようにしてしまわれたのだ。あのお方はこのように、評判のよい人たちに対して、悪意を持っていられるわけなのだ。

それを聞いてクレミュロスは、福神と次のような問答を交わして、目が見えるようになればプルトスが、悪い奴らのところは避け、正しい者たちのところだけに行くようになることを確かめます。

クレミュロス「それではもしも以前のように、また目が見えるようになられれば、あなたは悪人どもからは遠ざかられるのですか」。

プルトス「それは言うまでもないことだ」。

クレミュロス「それで正しい者たちのところに、行かれるのですね」。

プルトス「もちろんそうする。もうずい分と長いこと、そのような者たちを見ていないが」。

クレミュロスはそれで、「それならば自分が、神の助けを借りてプルトスの目を治療して、見えるようにするから」と言って、自分の家に来て鎮座してくれるように、福神を誘います。彼はそのことをこう言います。

それではもしあなたが私どものところへ留まってくだされば、どんな結構なことがあなたに起こることになるかを教えてさしあげるので、心に止めてよくお聞きください。なぜなら私の考えでは、神様にもご同意を頂いて、あなたのお目のご不自由なのを私がお直しして、また見えるようにしてさしあげようと思うのですから。

プルトスはそうすると最初は震え上がって、「とんでもない。そんなことをけっしてしてはいけない」と言います。それでクレミュロスが「なんだってそんなことを、おっしゃるのです」と言うと、さも恐ろしそうに、「ゼウスがもしこの者たちの愚かな企てに気づかれたら、私をきっとひどい目にあわせられるだろう」と言います。そしてクレミュロスが「今だって彼は、あなたをつまずいてころばせながら歩きまわらせることで、そうしているではありませんか」と言うと、「それはどうか知らぬが、私はあのお方が本当に恐ろしいのだ」と言って、ゼウスの意志に逆らって目が見えるようになど、けっしてなりたくないという態度を変えません。

クレミュロスはそれで、プルトスにこう言います。

本当にそうお考えなのですか。あなた様はすべての神霊方の中で、だれよりも臆病なお方です。もしほんのちょっとのあいだでも、あなたの目がまた見えるようになられれば、ゼウスの王権や雷には、「三文の価値しかなくなる（アクシウス　トリオボル）」とは、思われないのですか。

そして、「それではこの私が、あなた様の方がゼウスよりずっと強力であられることを、ご説明してさしあげましょう」と言ってから、カリオンとやり取りを交わして、ゼウスが神々のあいだで絶大な勢威を振るって、世界を思いのままに支配することを可能にしているのがじつは福神なので、そうしようと思えばプルトスには、容易にゼウスの権力をくつがえしてしまうことができることを説明します。

クレミュロス「それではまず、ゼウスが神々を支配しているのは、何の力によってだ」。

カリオン「それはお金の力に、きまっています。なにしろあの方のところには、お金がうなるほどあるのですから」。

クレミュロス「それでは、あのお方のところに、そのお金をとどけているのはいったいだれだ」。

カリオン「それは、このご仁です」。

クレミュロス「人々があのお方に、お供えをするのは、だれのおかげだ。この方のおかげではないか」。

カリオン「ゼウスにかけて、その通りです。何しろ人々はひたすら、富み栄えることを願ってそうしているのですから」。

クレミュロス「それならこのお方が、その原因なんだから、このお方はそうしたいと望めば、そんなことは簡単に止めさせることがおできになるんじゃないか」。

プルトス「それはいったい、どうしてだ」。

クレミュロス「あなたが望まれなければ、牛にせよ菓子にせよ、その他の何にせよ、お供えする者はいなくなるのですから」。

プルトス「どうしてだ」。

クレミュロス「どうしてと言って、もしあなたがご自身でそこにいらして、お金を与えることをされなければ、そもそも何も買うことができなくなるのですから。だからもしあなたにひどいことをすれば、あなたはだれの助けもお借りにならずに、ゼウスの権力を終わらせておしまいになることがおできになるのです」。

それからクレミュロスは続けて、人間のあいだでも何かが達成できるのは、福神の働きのおかげであることを説明し、「じっさいゼウスにかけて、もし人間たちのあいだで何か、素晴らしいことや美しいことや心地よいことがあれば、それはすべてあなたのおかげです。何しろこの世の中であなたに服属していないものは、何一つないのですから」と言います。そしてまずカリオンとこう言葉をかわして、娼婦から快楽を得るためにも、少年愛を楽しむためにも、富の力が不可欠であることを述べたてます。

クレミュロス「それに人々の言うところでは、コリントの娼婦たちだって、懐具合の淋しい者に口説かれたって、一向に見向きもしないが、もし相手が金持ちならさっそくに、いそいそと尻を向けるというじゃないか」。

カリオン「それは男の子たちにしたってその通りで、彼らがそれと同じことをするのは、愛人たちが好きだからではなく、彼らからお金をもらうためだということです」。

クレミュロス「それは立派な者たちではなく、淫らな連中だ。立派な少年たちなら、お金を要求したりはしない」。

カリオン「それじゃあ、何をねだるんです」。

クレミュロス「良い馬をほしがる者もいるし、猟犬を求める者もいる」。

カリオン「それは多分、お金をねだるのが恥ずかしいので、そんな名目をつけて、自分たちの醜行を飾ってごまかしているんです」。

クレミュロスはそれから、人間たちがそれぞれいろいろな工夫をこらしながらさまざまな仕事にたずさわっているのは、すべて富を得ようとしているので、もし福神の働きが無くなれば、なんの仕事も創意工夫もされなくなってしまうことを説明し、そのことをこう言います。「人間たちのあいだで、技芸と発明が考え出されるのは、すべてあなたのお働きがあるからです。それで彼らの中のある者は、坐って皮を切って靴を作り、別の者は鍛冶職に、また他の者は大工の仕事に従事し、さらに他の者は、あなたから黄金を頂戴して、金細工をしているわけです」。そうするとカリオンが、「ゼウスにかけて、それである者は盗みを働き、別の者は押し込み強盗をやるんです」といって、今クレミュロスの言ったことが、悪事をする者たちの仕業にも当てはまることを付言します。そしてプルトスが「なんという情けないことだ。そのことにこんなに長いこと、気がつかなかったとは」と言って、そんな力が自分にあるのをそれまでずっと知らずにいたことを嘆くと、カリオンとクレミュロスはこう言って、ペルシア帝国の大王が絶大な権力を持っているのもプルトスのおかげだし、福神の働きが無くなれば、当時は参加する者に日当が払われていたアテネの民主制の根幹だった民会も開けなくなり、アテネの軍艦の三段橈船だって福神の働きによって日当が支払われなくなれば乗り組む者がいなくなってしまうことを付け加えます。

カリオン「あの大王が威張っていられるのだって、この方のお働きがあるからだし、民会にしたって、この方のおかげで成立しているんじゃないですか」。

クレミュロス「そうですとも、三段橈船にしたって、あなたのお働きがなければ、乗り組む者がいなくなってしまいます」。

そしてクレミュロスは、「ともかく世の中のことは、すべてがあなたのお働きがあってされているんで、悪いことでも良いことでも、あなた様がたったおひとりで、すべての原因になっていられるんです。どうかこのことを、よくご承知になられてください」と言い、カリオンは、「戦争にしたってこのお方たったおひとりが、どちらかの側に坐を据えられれば、そちらの方がいつも必ず勝つことに決まっています」といって、戦争で一方に勝利を得させるのも、福神の働きであることを強調します。

プルトスが、「この私にはたった独りだけで、そんなに沢山のことができるのか」と言うと、クレミュロスは、「それどころかゼウスにかけて、あなたには、いま申したよりもさらに、ずっと多くのことがおできになります。それだから他のすべてのことには、飽きることがあるのに、あなたにこれでもう沢山だと言った人は、これまでだれもいないのです」と言い、そのあとに、「それどころか、もしもだれかが一三タラント手に入れれば、もっと多く一六タラントほしくなりますし、その願いがかなえば、次には四〇タラントほしくなり、それができなければ、生きているかいもないと言い出すのです」と言います。

そしてプルトスが、「どうすればあなたたちが、私が持っているというその力を、私は思いのままに振るえるようになるだろうか」と尋ねると、クレミュロスは、「プルトスを家に迎えたいという自分の計画に加担してくれれば、自分がそのためにプルトスの目を、神話で眼力の鋭かったことで有名な英雄のリュンケウスの目より、もっとよく見通せるようにしてみせる」と、こう言って公言します。「そのことなら何も、ご心配になることはありません。もしもあなたさまご自身が、私がしようとしていることに熱意を持って下されば、お目をあのリュンケウスよりも、もっと鋭く見えるようにしてさし上げますから」。

そしてプルトスが、「死なねばならぬ身であるあなたに、どうしてそんなことができるのか」と言って、「人間のクレミュロスに、どうしてプルトスの目を治すことができるのか」を尋ねると、「私にはポィボス（＝アポロン）様ご自身が、ピュト（＝デルポイ）の月桂樹を揺すりながら、私におっしゃられたことから判断して、そうできるという結構な見通しがあるのです」と言って、自分がこの提案をプルトスにしているのが、デルポイでアポロンの神託を受けたからだということを説明します。それでプルトスが「それではあのお方（＝アポロン）も、あなたと同様に、このことを承知していられるのか」と尋ねると、「その通りなんです」と答え、「ですから善良なお方よ、どうか何もご心配にならないでください。なぜならよくご承知頂きたいのですが、この私はもし必要なら命を賭しても、このことを自身で必ずやり遂げる所存ですから」と言い、そのあとに続けてカリオンも、「あなた様がもしお望みなら、この私めも同じ思いです」と言います。

そしてさらに、この計画に熱心なのは自分たち二人だけでなく、これまでクレミュロスと同様に、プルトスの目が見えぬために、正しい暮らしをしていながら富に恵まれずにいた、貧乏で正直な農夫たちも、そのことを知れば、みな大喜びで味方をしてくれるに違いないと言い、プルトスがそれを聞いて「あなたが私たちの味方だというのは、なんとも頼りになりそうもない者たちばかりじゃないか」と言うとかまわずに、カリオンに、「おまえ、大急ぎで走って行って来てくれ」といいます。

そしてカリオンが「それは私が何をするためですか。おっしゃってくださいと尋ねると、こう言ってカリオンに、この劇の合唱隊となる農夫たちを呼び集めてくるように命令します。「仲間の農夫たちを呼んでくるのだ。彼らはきっと、畑でせっせと汗水を流しているのが見つかるだろうから。彼らに皆がここに来てわれわれといっしょに、こちらにおいでの福神様のご利益に与れと言うのだ」。カリオンはそれで「すぐに行って参ります」と言って、デルポイから持ち帰った犠牲獣の肉片の入った容器を主人に渡して出かけて行きます。そのあとにクレミュロスは「すべての神々の中でもっともお強いプルトス様、あなた様はどうか、私といっしょに、中にお入りください」と言って、福神といっしょに家に入ります。

そうするとそのあとにカリオンがこう言って合唱隊の農夫たちを、急き立てながらやって来ます。「主人と同じ村に住まれる、労苦をいとわれぬお親しいかたがたよ。どうか精いっぱい急ぎ足で駆けて、大至急でおいでください。何しろ今はぐずぐずしている、時じゃありません。今こそあなたがたがここにいらして、お力をお尽くしにならねばならぬときなのですから」。

そして息せき切ってやってきた農夫達に、クレミュロスがそんなに急がせて自分たちを集めるわけを聞かれると、「主人が申すには、それはあなた方みなさんが、今の冷えびえした辛い暮らしを捨てられて、楽しい生き方を始められるためです」と言い、「どうしてそんなことができるのか」と問われると、こう言います。「もの分かりの悪い方々、主人はここに一人の年寄りを連れて来たのです。垢まみれで、腰が曲がっており、見るからに惨めで、皺くちゃで、禿げ頭で、歯がすっかり抜けています」。そして合唱隊が、「お前はそいつが、財宝の山を持ってやって来たとでも言うのか」と尋ねると、こう答えます。「この私に言わせりゃ、そのご仁は老い耄れの災いをそれこそ山のように持って来ました」。

合唱隊の農夫達はそれで、カリオンがそんなことのために自分たちを呼び集めたのだと聞かされて当然、かんかんに怒ります。そして「そんなふざけた話で煙に巻いておいて、罰を受けずに逃げられると思うのか。わしはこうして、棒を持っているのに」といって、手に持った棒でカリオンを打とうとし、「お前の両脚は、もう足かせと鎖で締めつけてもらおうとして『痛い、痛い』と言って、悲鳴をあげているじゃないか」と言って、カリオンの脚にすぐにかせをかけると脅します。

カリオンはそれでこう言って、クレミュロスが正直な農夫たちを集めさせた本当の理由を説明します。「それではもうこれ以上は、隠しておくことを止めましょう。私の主人は、みなさん、あなた方を金持ちにしてくれる、あの福神プルトスを連れて来たのです」。合唱隊はそれを聞いて驚いて、「それではわたしたちが、みんな金持ちになれるというのは、本当のことなのか」と尋ねます。そしてカリオンが、「神々にかけてそれは本当です」とこたえるとこう言って、手の舞い足の踏むところを知らぬ、大喜びをします。「何という嬉しいこと、至福のきわみと言うほかない。あなたの言うことが本当なら、喜びのあまり、舞い踊らずにいられない」。

そうすると彼らがカリオンと有頂天になってはしゃいでいるところに、クレミュロスが家から出て来て彼らにこう言います。「同じ村に住まれる方々、あなた方に今さら、『ようこそおいでになられた』と申し上げるのは、いかにも陳腐なありふれた挨拶だ。そんなにも勇み立たれて、ぐずぐずせず大急ぎでおいでくださったことに、心からお礼を申し上げます。どうかその他の万事についても、私のために助け手になられて、この神様の真の守護者におなりになってください」。合唱隊はそれで、「そのことならご安心なさい。私をどうか、真のアレス神だと考えてください」といって、自分たちが戦神のアレスとも見紛うほど、クレミュロスとプルトスのために、獅子奮迅の力を振うことを約束します。

アスクレピオスの信仰

そうするとそこに、クレミュロスの友人の農夫のブレプシデモスが登場します。彼はクレミュロスが富裕になり、しかも自分の得た富の恩恵に、仲間の正直な働き者の農夫たちみんなを与らせようとしていると聞いてやって来たのですが、彼にはクレミュロスが何も悪いことをせずに、とつぜんそのように富裕になれたということが、なかなか信じられません。それでまずこう言って、デルポイに参詣に行った彼が、そこから神殿に供えられている財宝を、盗んで来たのではないかと疑いをかけます。「ゼウスにかけてあなたはあそこから、何か銀かそれとも黄金を、神のもとから盗んで帰って来たんじゃないか」。

クレミュロスはそれで「災厄を遠ざけるアポロン（アポロン　アポトロパイオス）」に呼びかけてから、「ゼウスにかけてこの私は、そんなことはけっしてしていない」と言って、悪を寄せつけぬアポロンから、盗みを働くような悪事を自分がしたはずがないと、きっぱりと断言します。そうするとブレプシデモスは、それでもクレミュロスがどこかで泥棒をしたという疑いを捨てきれずに「ではこっそり盗んだんじゃなく、だれかから強奪したのか」と彼にたずねます。そして彼に、「それじゃあ、あなたは、だれからも盗んでいないのか」とたずね、クレミュロスが、「もちろんこの私は、そんなことはしていない」と、はっきりと言っても、それでもまだ疑いを捨てずにいて、クレミュロスが、「話の分からないお人（カコダイモノン）」と言って彼に呼びかけて、「今から自分は、ただ立派な人たちと、正しい人たちと、思慮分別のある人たちだけが富めるようにするつもりだ」というと、「何をあなたは言うんだ。そんなにたんまりと、あなたは盗んだのか」と言います。

クレミュロスはそれで、「話しの通じない困った人だ（オ　モクテレ　シュ）」と言ってブレプシデモスに呼びかけながら、「自分はプルトスを持っているのだ」と言って、福神が自分の家に来臨していることの説明を始めます。それからクレミュロスとブレプシデモスのあいだに、次のようなやり取りが交わされます。

ブレプシデモス「あなたがプルトスを持っているって。それはどのような」。
クレミュロス「あの神様ご自身をだ」。
ブレプシデモス「それは、どこにおいでなのだ」。
クレミュロス「家にだ」。

ブレプシデモス「どこの家のことだ」。
クレミュロス「私の家にだ」。
ブレプシデモス「あなたの家にか」。
クレミュロス「その通りだ」。
ブレプシデモス「何ということだ。プルトスがあなたの家においでとは」。
クレミュロス「神々にかけて、それは本当のことだ」。
ブレプシデモス「あなたが言っているのは、本当なのだな」。
クレミュロス「それは確かなことだ」。

それからクレミュロスは、かまどの女神のヘスティアにかけて、また海の神のポセイドンにかけて、さらに必要なら他の神にかけても誓って、そのことが本当だと言って、ようやくブレプシデモスに、自分の家にプルトスがいることを納得させます。そしてプルトスがこれからは正しい者を富ませてくれるように、今は見えないこの神の目を、ブレプシデモスといっしょに見えるようにするつもりだという計画を、彼に打ち明けます。ブレプシデモスはそれで、「それならだれか、医者を連れて来なければならないな」と言い、クレミュロスは、「そんな医者が、この市に今いるだろうか」と言って、二人はそれから劇場の観客席をじろじろ眺めまわしながら、こう言いあって、人々のあいだにそんな医者がいないことを確かめます。

ブレプシデモス「探してみよう」。
クレミュロス「いないな」。
ブレプシデモス「私にも見つからない」。

それからクレミュロスは、自分が考えているのはプルトスの目を、人間の医者に治療させることではなく、医神アスクレピオスの神殿に参籠させることなのだと、ブレプシデモスに打ち明けて、そのことをこう言います。「ゼウスにかけて、私がそのために最良の策として計画しているのは、あのお方にアスクレピオス様の神殿でおやすみになって頂くことなんだ」。ブレプシデモスはそれでこう言って、彼にも非常な妙案と思われるその計画の実行に、今すぐ取りかかろうとクレミュロスを急きたてます。「神々にかけて、それは本当に素晴らしい方策だ。そういうことならもう、これ以上はぐずぐずしていないで、そのために何か一つのことでも、すぐさまやってのけることにしようじゃないか」。

アスクレピオスがアテネで崇拝されるようになったのは、ここで問題にしている喜劇の『プルトス』が最初に上演された紀元前三八八年よりも、それほど前のことではありませんでした。古典期以後のギリシアで、もとは明らかにテッサリア起源だったこの医神の崇拝の中心的な聖地となっていたのは、アルゴリス地方の東南の海岸に近いところにあったエピダウロスで、サロン湾に浮かぶアイギナ島を中間にはさんで、湾の東側のアテネとほぼ向き合う、湾の西側に位置しています。ここから紀元前五世紀以後にアスクレピオスの祭祀は、エジプトや北アフリカを含むギリシア文化圏の全域に急速に広められ、各所に参詣人たちがそこで眠っているあいだに、病気が神とその眷属の者たちによって、奇跡的に治癒されることを願って夜を過ごした、「アデュトン（みだりに入りこんではならぬ場所）」と呼ばれた地下の聖域を含む神殿が建立されました。

この神がアテネに最初に迎えられたのは、紀元前四二〇年のことで、エピダウロスからもたらされた神像は、まず悲劇詩人のソポクレスによって自宅に祭られ、そのあとアテネでのエレウシスの密儀の準備のために使われていた聖殿エレウシニオンにいったん安置されたのちに、アクロポリスの南面に建てられた神殿に祭られたことが知られています。だがこの出来事が起こるより前にアテネの人々は、すでに市の外にあったアスクレピオスの神殿まではるばる出かけて行って、病気の治癒を願ってそこに参籠することを始めていたのだと思われます。

なぜなら紀元前四二二年に初演されたアリストパネスの喜劇『蜂』の冒頭では、この劇の主人公の老人のピロクレオンは、毎日裁判所で日当をもらって陪審員の役を務めることに、すっかり熱中してしまっていることになっています。それで彼の息子のブデリュクレオンは、何とかして父のその厄介な病気の裁判熱を癒そうとして、さんざん苦労をしていることになっているのですが、劇の一二一～四行ではこの家の奴隷のクサンティアスによって、ブデリュクレオンがしまいに父をアイギナ島にあったアスクレピオスの神域に連れて行き、そこで一夜を過ごさせてみたが、究極と思われたこのやり方でも膏肓に入っていた父の裁判熱は治癒できなかったことが、こう説明されているからです。

こう言った神頼みのやり方が、どれも役に立たないのを見て、彼（＝ブデリュクレオン）はけっきょくアイギナ島まで渡って行き、それからあの人（＝ピロクレオン）を無理につかまえて、アスクレピオス様のご神域に夜のあいだに寝かした。だがあの人は翌朝にはもうまだ暗いうちから、裁判所の入り口の柵のところにあらわれたのだ。

アスクレピオスが、『プルトス』が初演された当時のアテネで、霊験のあらたかな医神として広く信仰されるようになっていたことは、たとえば紀元前三九九年にソクラテスが死の直前に言い残したことが、プラトンの対話篇『パイドン』（118a）に記されている、次の有名な彼の最後の言葉からも、はっきりと確かめられると思われます。「クリトンよ、私たちはアスクレピオスに、牡鶏を供えなければならない。どうか忘れずに、この責務をはたしてもらいたい」。

牡鶏は人々が、アスクレピオスによって病気を癒されたときに、そのことを感謝してこの医神にする通例の供物でした。この遺言をのべたときソクラテスは、それまで彼がそこに集まった人々にこんこんと説明をしてきたように、魂を肉体の牢獄に閉じこめられてきた病から、目前に迫った死によって今まさに癒されようとしていました。それでこの治癒を果たしてくれるアスクレピオスに、そのことを感謝してしきたり通りの供えものを必ずしてくれるように、クリトンに最後に依頼して死んだのだと思われます。

ペニアとの言い争い

このように紀元前五世紀の末葉にはじめてアテネに迎えられて、前四世紀の始めにはたちまち、霊験の真にあらたかな治癒神として非常な人気を博するようになっていた、アスクレピオスの神殿に、クレミュロスとブレプシデモスはプルトスを連れて参籠に行くことになります。そうするとそこに、ひどいぼろを身にまとった見るからに醜い老女の姿をした、貧乏の女神のペニアが現われ二人を嚇して、そんなことをすれば彼ら自身も人間たちも、今よりもずっと不幸になると言って、彼らに福神の目を治すのを止めさせようとします。それでそれから劇の中で一九〇行あまりにわたって、その貧乏の女神とクレミュロスとブレプシデモスのあいだで、富（プルトス）とペニア（貧乏）のどちらが人間のためになるかということで、長い言い争い（アゴン）がされることになるのですが、きわめて興味深いと思われるこの言い合い（アゴン）の内容については、次の第三章で詳しく見ることにしましょう。ともかくその論争の果てに、ペニアをその場から追い払ってから、クレミュロスとブレプシデモスはこう言い合って、それからまたカリオンを従者に連れて、ペイライエウスにできていたアスクレピオスの神殿に、プルトスを参籠させるためにつれて行きます。

クレミュロス「あのすれっからしの悪女はようやく、私たちのところから出て行った。私とあなたはこれから大急ぎであの神様を、アスクレピオス様の神殿にお連れして、寝床について頂かねばならない」。

ブレプシデモス「そうとも、ぐずぐずしてはいられない。さもないとまた誰かがやって来て、そのために必要な何かをする、邪魔をするかも知れないから」。

アスクレピオスによってプルトスの目が治る

このようにして彼が出かけて行ってから、そのあと参籠を終えた一行に先立って、カリオンが戻ってくるまでのあいだには、一夜が経過したことになっているのですが、そのあいだに舞台の上では、あとに残った合唱隊の農夫たちによって、踊りが演じられました。そこに一行に先立って戻ってきたカリオンが登場して、「ご老人たちよ（ゲロンテス　アンドレス）」と一同に呼びかけたのちに、こう言います。「あなた方は、何という、ご幸福なめにあわれたのだ。あなた方と、その他の正しい暮らしをされてきた人たちは」。そして合唱隊に、「だれよりも優れた人、お前の仲間たちにいったい何が起こったんだ。あなたは何かよいことの知らせを、持って来たように見えるが」と尋ねられると、こう言います。

「主人は本当に、この上なくよい目にあわれた。だがそれよりももっとよい目にあわれたのは、プルトス様ご自身だ。何しろ目が見えられなかったのが、医神アスクレピオス様の御恵みを受けられて、今ではお目がぱっちり開いて、瞳がらんらんと輝いておいでなのだから」。それから合唱隊とカリオンはこう言い合って、歓喜の叫びをあげます。

合唱隊「あなたは私に、何という喜びを告げ、何という歓呼で叫ばねばならぬことを、私に告げるのだ」。

カリオン「そういうわけだから、あなたたちは否でも応でも、大喜びをするほかないのです」。

そして合唱隊は、アスクレピオスが『イリアス』に名医の英雄として登場する、マカオンとポダレイリオスの兄弟や、父の側にいて治療の手伝いをすると信じられていた、イアソ、パナケイア、ヒュギエイアなどの女神たちの父神であることに言及しながら、こう言って大声でアスクレピオスの名を呼んで、この神が人間にもたらしてくれる、かけがえの無い喜びを讃えます。「私は素晴らしいお子たちに恵まれた、人間たちにとって大きな光明であられるアスクレピオス様のみ名を、声を限りに呼ばずにいられない」。

そうするとこの大騒ぎを聞いてクレミュロスの妻が、こう言いながら、家から出て来ます。「この叫びはいったい、何ごとだろうか。何かよいことの知らせだろうか。そういうことを待ちわびて私は長いあいだ家に坐ってこの人が帰って来るのを待っていたんだけれど」。カリオンはそれで彼女に、「私はすべてのよいことを一からげにして、あなた様に持って参りました」と言ってから、アスクレピオスの神殿であったことを、詳しく説明します。

それによると一行はアスクレピオスの祭られている場所に到着すると、まずプルトスをすぐに海辺に連れて行って、海水で沐浴させて身体をすっかり洗い浄めました。そしてそのあと神殿に入って行って、火神へパイストスの火の燃えている祭壇に、菓子とその他の供物を供えてから、プルトスをしきたりの通りのやり方で床につかせ、自分たちは銘々がその側に、イグサの茎や葉で寝床をしつらえてそこに横になりました。そのあと参籠している者たちはみな、神の姿を目にすることを恐れて、頭をすっぽり覆い隠していましたが、カリオンは被っている古い外衣の方々にあいている穴を通して、外で起こることを見ていました。

そうするとやがてアスクレピオス神が、イアソやパナケイアらをおともに連れて姿を現し、そこに寝ている者たちのすべての病気を丁寧に点検しながらぐるっと見てまわりました。その中には目をひどく爛れさせて目やにを出しながら、民会でまっ先に演説をしたり、口汚い罵言を吐いて人々にひんしゅくされることが、喜劇『女の議会』の中でもくり返し言及されており、古注によれば「告訴を儲けのために常用する者（シュコパンテス）」でもあったとされている、ネオクレイデスがいたことになっています。彼がそこにいたのは言うまでもなく、眼病をアスクレピオスに癒してもらおうとしてだったのですが、アスクレピオスは病人たちをひとわたり診てまわってから、まずまっ先にそのネオクレイデスの処置にとりかかりました。そして従者の少年が持ってきて彼の側に置いた石の乳鉢の中に、ニンニクの頭を三ついれて乳棒ですり潰した上から、目にひどく滲みるイチジクの樹の汁と、いやな臭いのするウルシの樹脂を加えてよく混ぜ合わせ、その全体を酢で溶いて膏薬のようなものを作ってそれをその男の目に、苦痛がいっそう激しくなるように目蓋を裏返しておいて塗りたくりました。ネオクレイデスはそれでたまらずに、けたたましい悲鳴と叫び声をあげ、逃げて行こうとして跳び上がりました。そうすると神はそれを見て笑いながら彼に、これからはその膏薬を付けておとなしくすわっていて、民会で騒ぎ立てるのは止めるように言ったというのです。カリオンのこの話を聞いてクレミュロスの妻は「あの神様は本当に何という有り難い市の友であられ、しかもご聡明でいらっしゃるのでしょう」と叫んで、アスクレピオスがこのようにしてアテネから、ネオクレイデスの害を取り除いてくれたことを、感謝したことになっています。

そのあとアスクレピオスは、いよいよプルトスの手当てに取り掛かり、まず福神の脇に坐って彼の上に身をかがめ、頭に手で触ってから、次に清潔な亜麻布を取って、それで目蓋のまわりを、ていねいに拭いてやりました。それからパナケイアが、福神の頭と顔の全体を贅沢な紫色の布で包み、そのあとにアスクレピオスが唇で合図の音を鳴らすと、二匹の大きな図体をした蛇が、神殿から出て来て、紫色の布の下に入りこみました。そしてカリオンにはその蛇たちが、しばらくのあいだプルトスの目蓋のまわりを舐めまわしているように思えたのですが、そのあと福神は目がはっきり見えるようになって起き上がったというのです。

カリオンはそれで喜びに夢中になって、両手を高く上げて力いっぱい打ち鳴らして、眠っているクレミュロスを目覚めさせて、プルトスに起こったことを主人に告げました。そのあいだにアスクレピオスは蛇たちといっしょに、神殿の中に姿を消しました。そのあと福神の側に参籠していた者たちは、夜のあいだ中ずっと眠らずにプルトスを代わるがわる抱き締めては、朝日の光が射すまでずっと大喜びを続けました。

これらのことをクレミュロスの妻に話して聞かせたあとでカリオンは「私はそれでプルトス様のお目をこんなにも速やかに見えるようにしてくださり、その一方でネオクレイデスの方は、前よりもいっそう目を見えなくしてくださったことで、『あの神様（アスクレピオス）』を誉め讃えずにいられませんでした」と言い、クレミュロスの妻は「ああご主君にしてご主人であられるあなた様は本当に、何という偉大な力をお持ちでいらっしゃることでしょうか」と言って、アスクレピオスを讃えてから、「それでプルトス様は、今どこにいらっしゃるのか説明してちょうだい」とカリオンに言います。カリオンは「今すぐここにおいでになります」と言い、そのあと「もうぐずぐずしてはいられません。あの人たち（プルトスを連れた一行）は、もう戸口の近くまで来ていますから」と言ってから「それでは私は、あの人たちを迎えに行こうと思います」と言うと、そこにプルトスが登場してこう言います。

まずまっ先に太陽を拝み、それから尊いパラス（アテナ）女神のその名も高い土地である、私を迎え入れてくれることになったケクロプス（神話時代のアテネの最初の王）の全国土に対して額づく。これまで私自身の身に起こってきた、不幸な事件のことは、ただ恥じるばかりだ。何という人たちと、そのことに気がつかずにいっしょにおり、その一方で私が付き合うのが相応しい人たちを、何も知らずに避けていたとは。ああ哀れなこの私は、このことでもあのことでも、いつも間違いばかりしていた。だがこれからは万事をひっくり返して、これまで私自身を悪人どもの手に委ねていたのが、けっして私の本意ではなかったことを、すべての人間たちに教えることにする。

そしてそのあと、プルトスがそこまで彼に付き添って来たクレミュロスらと、彼を迎えたクレミュロスの妻といっしょに、いったん家の中に入り、舞台の上で合唱隊が踊っていると、そこにカリオンが家から出てきて、クレミュロスの家がプルトスの力で、とつぜん富で溢れ返るようになった有り様を、こう物語ります。

みなさん、まあ、幸福な暮らしとはなんとまた、心地よいものでしょう。それも家からは、何も持ち出さずにすむときては、もう本当にこたえられません。わたしどもの家には、良いものがまるで山のように、とつぜん舞いこんできた。何も悪いことなんか、せずにですぜ。

こんな風に金持ちになるのは、じつになんとも楽しいことです。

お櫃は白い麦粉でいっぱいで、酒壷には、芳しい香りの黒い葡萄酒が溢れている。わたしどもの家具は、なんとも不思議なことに、どれもこれも、金と銀とがぎっしり詰まっています。

水槽には、オリーヴ油が溢れ、香油瓶は香油でいっぱいだし、二階には干しイチジクが山と積まれている。

酢の瓶も、小皿も、土鍋も、すっかり青銅製になっちまった。

魚の臭いがしみこんで、腐ってしまっていた俎までが、ごらんのように、今では銀製だ。

わたしどもの提灯は、見るまに象牙製にかわった。

わしら召使どもが、丁半の手慰みに使うのも、今じゃ黄金のスタテル貨（一ドラクマの四倍の価値があった金貨）ですぜ。尻を拭くのにも、もう石など使やしません。すっかりぜいたくになっちゃって、いつもニンニクの茎で拭いています。

主人はいま家の中で、頭に冠を被って、豚と牡の山羊と羊を、犠牲にお供えして殺しています。

プルトスのもとを訪れる者たち

そうするとそのあとクレミュロスの家の戸口には、次々といろいろな者たちがやってきます。まず最初に来るのは、「正しい男（ディカイオス）」で、彼はかつては父から十分な財産を相続し富裕だったのですが、その富をそうするのがよいことだと信じて、友人たちが困窮しているのを助けるために使い果たして、たちまち無一文になってしまいました。そうすると彼の助けを受けた者たちは、彼が困っているのを見てもみないふりをするばかりか、彼をあざけりさえしたので、貧困のどん底に落ちて困り果てていたのですが、それがプルトスによって一転してまた幸せにされたので、そのことを福神に感謝するためにお参りしにきたのです。彼は貧困に苦しんでいたあいだ身に着けていた、みすぼらしい古着と履物を、それらから自分を解放してくれたプルトスへの供物にしようとして、従者の少年に持たせてきました。

そうすると彼がカリオンにその話をしているところに次に、「告訴を儲けのために常習している者（シュコパンテス）」がやって来ます。彼はプルトスの目が見えるようになってから、自分のする告訴がどれもうまく行かなくなり、儲けがまったく得られなくなったために、それまで不正に溜め込んだ富をすっかり無くしてしまって、そのことをプルトスに抗議しようとして来たのですが、その彼を見てカリオンは、「救い主であられるゼウスにかけて、この神様（プルトス）が、邪悪な『告訴常習者たち（シュコパンタス）』を、ひどい目にあわせて根絶やしにしてくだされば、ギリシア人たちみんなに、すばらしい恩恵を施してくださることになる」と言います。

告訴常習者はそれに対して、「自分は立派な人間で愛国者なのに（ホティ　クレストス　オン　カイ　フィロポリス）」、「痛めつけられ（アクトマイ）」「ひどい目にあわされている（パスコ　カコス）」と考えると言い、九一一～二行では「自分が所属する市のために、全力を尽くしている」と主張して、さらに自分がしているのは、「施行されている法が、だれも違反する者がいないように見張ることで、法を擁護しているのだ」と言い張ります。それに対してカリオンは「他人の事柄に余計なお節介を焼く（プラトン　タルロトリア）」のを「お前は飯の種にするのがいいと思っている（シュ　ガル　アクシオイス　エスティエイン）」と言って、必死で抗議し抵抗する告訴常習者から、むりやり身に着けている服と履物を剥ぎ取ります。そして代わりに、正しい男がプルトスに奉納しようとして持ってきた、ぼろぼろの古着と履物をまとわせて、彼をその場から追い払います。それから「私たち二人は家に入ろう。そしてあなたに『あの神様（＝プルトス）』を、拝んでいただくことにしよう」と言って、正しい男といっしょに家の中に入ります。そうするとそのあとに今度は、派手な服装で厚化粧をした老女がやって来ます。彼女はこれまで、貧乏だが顔だちがよい美男子で、人柄も申し分の無い若者を愛人にしてきました。彼はどんなことでも、彼女が頼めば親切にきちんとやってくれ、彼女の方も彼に頼まれれば、どんな奉仕でもしてやっていました。と言っても彼は、彼女に対して異常と思えるほど遠慮深くて、けっして無理な要求をせず、しかも頼みごとを自分が彼女にするのは、けっして強欲のためではなく、彼女を心から愛しているからだと言っていたので、彼女はその若者の言葉を信じて、二人の仲が相思相愛であると思いこんで、彼との交情を何よりの楽しみにしてきました。

ところが福神の目が見えるようになると、行いがよくて自分の頼みを何でも聞いてくれる老女にも、つつましい要求しかせずにいたこの若者は、プルトスによって自身が富裕にされたので、老女からの贈り物を、とつぜん何も受け取らなくなりました。そしてそれまでは、老女の声の魅力や、手の白さや、眼差しの優しさなどを言葉を尽くして讃めちぎりながら毎日、熱心に訪ねて来ていた彼女の家にも、ばったりと来なくなってしまったのです。それでこの老女は、正しい者はだれでも幸せにしてくれるというプルトスに、この若者の薄情な心変わりが、自分を不幸のどん底に落とし入れていることを訴えて、彼に自分に対する仕打ちをあらためさせてくれるように頼もうとして、そこにやって来たわけです。そうすると彼女が、家から出てきたクレミュロスにこの話をしていると、そこに当のその若者が、自分が富裕にされたことをプルトスに感謝しようとして、頭に冠を被り手に松明を持って姿を現します。

彼は老女を見るとまず、「ごきげんよう（アスパゾマイ）」と言って彼女に恭しく挨拶し、それから老女の髪がすっかり白髪になっていることや、顔が皺だらけであることや、歯が抜けて奥歯一本しか残っていないことなどを、揶揄します。クレミュロスは、「だが、お若いの、この『娘さん（＝老女）』をあなたが嫌うことは、私には許せないよ」と言って、若者をたしなめます。そして、「ブドウ酒を喜んで飲んだのだから、酒のおりもいやがらずに飲まねばならないよ」と言って、昨日まで魅力たっぷりだと言ってさんざん愛撫してきた老女に、まだしぼりかすのように残っている色香を賞味してやるのが、彼の務めだと若者に言い聞かせます。そして被って来た冠をプルトスに奉納しに行くという若者といっしょに、家に入るように老女に勧めます。老女は若者に「先にお歩きなさい。私はあなたのあとから、入って行きますから（バディゼゴ　デス　カトピン　エイセルコマイ）」と言い、若者から離れずにぴったり密着して家に入ります。その二人の様子を見てクレミュロスは、「ああ、王であられるゼウスよ、あの老女はなんと力いっぱい、若者にしがみついているのだろう。まるで岩に貼り付いて離れない、貝のようだ（ホス　エウトノス、オ　ゼウ　バシレウ、ト　グラディオン　ホス　ペル　レパスト　メイラキオ　プロセイケト）」と言います。

老女と若者とクレミュロスがこのようにして、家の中に姿を消すと、そのあとにやって来て戸をたたく者があり、カリオンが戸を開けて見ると、そこにいるのは天から降りて来たヘルメスで、カリオンにこの家の主人とその妻とその他の家の者たちを一人残らず、そこに呼んで来るように言います。カリオンが何のためにと尋ねるとヘルメスは、クレミュロスらがプルトスの目をまた見えるようにするという、「前代未聞の凶事（ディノタタ　パントン　プラグマトン、一一一二行）」を実行したために、神々に願わなくても富が得られるようになった人間たちが、何の犠牲も供物も捧げなくなったので、そのことを激怒したゼウスが、クレミュロスとその一味の者たち全員を、「同じ鉢の中でごちゃまぜに発酵させ、罪人を殺して抛りこむための深い裂け目に投げこんでしまう（エイスタウトン　シュンキュケサス　トリュブリオン　ハパクサパンタス　エイスト　バラトロン　エムバレイン）」ことに決め、そのことを伝えるために、自分を派遣したのだと言います。だがこう言っているあいだに、腹をぺこぺこに空かしているヘルメスは、クレミュロスの家の中から漂ってくる、ご馳走のえも言われぬ芳香に誘われて矢も楯もたまらなくなって、「神々にかけてお願いだから、私をこの家に住む者の仲間に加えてくれないか」とカリオンに頼みます。それでゼウスに仕えるのを止めて、クレミュロスのもとで働きたいというヘルメスに、カリオンは「あなたがここにいてくれると、われわれのためにいったい、何の役に立ってくれるのだろうか」と尋ねます。ヘルメスはそれで、それぞれが渾名で呼ばれている自分の特技を次々にあげて、その役目を果たすことを提案しますが、カリオンはそれらの務めがどれも、プルトスの目が見えるようになった世の中では不用だと言います。

ヘルメスはまず、「回転する者（ストロパイオス）」として、戸の裏側にいて開閉を掌り、盗人を入らせぬ役をすると言いますが、正しい者がだれでも富裕になるのだから、そんな用心をして戸口を守る必要は無くなると言われます。それで、「商売の神（エンポライオス）」、また「欺瞞者（ドリオス）」の働きをすると言いますが、正しい者がだれでも富裕になるのだから、商いをして金を儲ける者も、人を騙す者もいなくなると言われます。次に、それならば「道案内（ヘゲモニオス）」をしようと言いますが、それもプルトスの目が見える世の中では、だれも先のことがはっきり見えているので、案内など受ける必要は無くなると言われてしまいます。

ヘルメスはそれで最後に、こう言います。「それならば私は、『競技の神（エナゴニオス）』になろう。プルトスにとって、音楽と体育の競技を催すこと以上に相応しいことは何も無いので、これなら異を唱える者は、だれもいないだろう」。そして、「それではこの条件で、家の中に入ることにするぞ」と言って、クレミュロスの家に入り、そこで「競技の神」だけでなく、もっと賎しい「下僕（ディアコニコス、一一七〇行）」の仕事も、いそいそと務め始めます。

そのあとに最後にそこにやって来るのは、「救い主であるゼウス（ゼウス　ソテル）」の神殿に仕えている神官です。家から彼を迎えに出て来たクレミュロスに向かってこの神官は、だれも神殿に供物も犠牲も捧げに来なくなってしまったために、自分がひどい窮状に陥っていることを訴えます。そして自分は神殿での務めを放棄して、クレミュロスの家に留まりたいと言います。そうするとクレミュロスは彼に、「それなら何も心配することはない（タレイ）」と言って、「救い主のゼウスが、自分でそうしたいと望まれて来られて、家の内にいる（ホ　ゼウス　ホ　ソテル　ガル　パレスティン　エンタデ、アウトマトス　ヘコン）」ことを、教えてやります。つまり彼がそこで神官の務めを続けることには、クレミュロスが、「ことはうまく運ぶだろう（カロス　エスタイ）」と言っているように、何の支障も無いことになるわけです。

　このあとプルトスは、アテネでの彼の居場所として、本来もっとも相応しいところだった、そこに市の財宝等が収蔵されて保管されていた、パルテノン神殿の「奥室（オピストドモス）」に祭られることになります。人々はそれでクレミュロスの家からアクロポリスの上のその場所まで、賑やかな行列を組んで福神を送って行きます。このように喜劇『プルトス』には、アテネにはじめて迎えられてからこの劇が最初に上演されたときまで、まだ三〇年あまりしか経っていなかった、新来の医神アスクレピオスがした見事な治療によって、それまで目が見えなかった福神のプルトスが視力を取り戻し、それによってアテネにゼウス自身もけっきょく、伝令神のヘルメスや自分の神殿の神官らと共に、自分の方からそれに加わりに来ることになる、ユートピア的な至福の状態が現出する有様が、まざまざと描き出されているわけです。

第三章　貧乏神がいる理由

――ペニアが語る貧乏から学ぶこと

貧乏神ペニアの登場

アリストパネスの喜劇『プルトス』には前章で述べたように、この劇の主人公の農夫のクレミュロスが友人のブレプシデモスといっしょに、目の見えぬ福神プルトスの目を治癒して見えるようにしようとして、この神を医神アスクレピオスの神殿に参籠させに連れて行こうとしていると、二人の前にとつぜん貧乏の女神ペニアが現れて、その企てを止めさせようとした模様が描かれています。ここでペニアは二人の農夫たちと、劇の四一五行から六〇九行まで一九〇行余りにわたって続く、長い論争をすることになります。その最後にはクレミュロスは、この章の終わりで見るようにペニアを「今すぐにわれわれのところから姿を消し、鴉どものところへ行ってしまえ」と言って、有無を言わせずにその場から追い払います。そしてそれからブレプシデモスといっしょに、またカリオンを従者に連れて、プルトスをアスクレピオスの神殿に連れて行って参籠させるのですが、そうなるまで続く論争の中でクレミュロスとブレプシデモスは、彼らが目が見えるようにしようとしているプルトスが、その治療のおかげで正しい人間たちにだけ授けることになるふんだんな富よりも、貧乏の女神が現に彼らに与えている貧乏の方が、人間たちをずっと幸せにしているというペニアの説得的な主張に対して、筋道の立った反論をすることに明らかに完全に失敗しいています。それで目を癒されたプルトスが、正しい人々を富ませる無可有的な至福をアテネに現出させる有様を描いているこの劇の中では、そうなるよりも前に劇の中間の部分で貧乏の方が富よりもずっと人間のためになるということが、貧乏の女神自身によってあらかじめ、反駁のしようが無いと思われるしかたで、きわめて雄弁に述べられているわけです。それでこの章では、その貧乏の女神と農夫たちとの「言い合い（アゴン）」の部分を取り上げ、その内容とそれがこの劇の中でどのような意味を持つかを検討することにします。

クレミュロスとブレプシデモスが、彼らにはこの上ない妙案と思えるこのことの実行に大急ぎで取りかかろうとして出発しようとしていると、そこにひどいぼろを身に纏った醜い老女が出現し、威嚇する様子でこう言って二人を引き止めます。

ああ、世にも罰当たりで不法な、無鉄砲な仕業を、大胆にもやってのける寸足らずの人間どもめ、どこに逃げて行くんだ、待ちなさい。

そして二人が驚いて唖然としていると、さらにこう言って、彼らをおどしつけます。

この私が悪者のお前さんたちを、この上なく惨めにくたばらせてやる。何しろお前さんたちは、いまだかつて神の中にも人間の中にも、企てた者のだれもない、許されようのない大それたことを、あえてしようとしているのだから。だから二人は共に、すぐさま破滅してしまうほかないのだ。

それでクレミュロスはこの老女に、「お前はいったいだれだ。顔が青ざめているように、私には見えるが」と尋ね、ブレプシデモスは、悲劇に出てくる復讐の女神のエリニュスではないかと言いますが、クレミュロスは、それにしてはエリニュスが罰を与える者をどこまでも照らして追って行くために掲げているはずの、松明を持っていないと言います。それに対して老女は、「お前さんたちは、私をだれだと思っていなさるのか」と、反問します。

クレミュロスはそれで、「どうせ居酒屋の女将かさもなければ豆粥売りの女だろう。そうでなければ、何もひどいことをされていないのに、われわれに向かって、こんなにがあがあとわめき立てるはずがない」と言います。そうすると老女は、「この私をこの世の到るところから追い払おうとする、極悪非道のことを企んでおきながら、お前さんたちは私に何もひどいことをしていないと言うのか」と言い、それに対してクレミュロスは、「お前の行く場所としてはまだ、罪人どもが投げ込まれる淵が残っているさ」と言い、「だがその前にお前さんは、いったいだれなのかをいますぐに、白状するがいい」と続けます。そうすると老女はそれに答えて、「私をここからいなくならせようとしている企てに対して、今日この日にお前さんたち二人に、罰を与えようとしている者さ」と言い、それを聞いてブレプシデモスが、「それでは、いつも飲み代のことで私につべこべ言ってごまかそうとする、この近所の居酒屋の女将ではないのか」と言うと、それに対して老女は、「私はもう長い年月にわたって、お前さんたちといっしょに住んでいるペニアさ」と言って、貧乏神のペニアである自分の正体を明かします。
そうするとブレプシデモスは、自分の前にいるその老女が、彼が何者よりも忌み嫌って止まない貧乏神だと聞かされると、たちまち震え上がって、「主なるアポロン（アナックス　アポロン）」と神々とに助けを求めて呼びかけながら、「自分はいったい、どこに逃げればよいだろうか（ポイ　ティスピュゲ）」と言って、逃げて行こうとします。クレミュロスはそれで、その友の怯弱さに業を煮やして、「おい君、何をするんだ、あらゆる生きものの中で君ほど臆病な者はいないぞ。待ちなさい」と言って引き止めますが、ブレプシデモスは「待つなんてまっぴらごめんだ」と言い、クレミュロスが「待ちなさい。大の男二人が、たった一人の女から逃げるのか」というと、「無理を言うんじゃない。何しろ相手は、どこを探したってこれ以上危険きわまりない生きものは見つからない、ペニアなんだから」と言い、クレミュロスがそれでもなお、「止まってくれ、お願いだから、どうか止まってくれ」と頼むと、「ゼウスにかけて、私にはそんなことはできない」と言います。そこでクレミュロスはこう言います。

はっきり言っておくが、もしわれわれがこの女を怖がって、戦いもせずにあの神さま（＝プルトス）を一人ぼっちで置き去りにして逃げたりすれば、それこそあらゆる行為の中でとびぬけてもっとも情け無い振舞いをすることになるのだぞ。

ブレプシデモスはそれにたいして、「そんなことを言ってもいったい、どんな武器あるいは軍勢を頼りにして戦うんだ。あのだれよりも忌まわしい女ときたらどんな鎧でもどんな楯でもかたはしから質ぐさにしてしまうのに」と言うと、クレミュロスは「安心しなさい。私はこの神さま（＝プルトス）がたったおひとりでも、あの女のやり口に勝ちをあげられることを、よく知っているから」と言います。そうした二人のやりとりを聞いてペニアが、「まだぶつぶつ言っているのか、このろくでなしどもめが、ひどい企てをしている現場を押さえられたのに」と言うと、クレミュロスは「最悪の死に損ないのお前はまたなんだって、何ひとつひどいことをされていないのに、われわれにそんな悪態をつきにやって来たんだ」と言います。それに対してペニアが、「お前さんたち二人は、福神の目をまた見えるようにしようとしておいて、私に何もひどいことをしていないと思っているのか」と言い返すと、クレミュロスは「何だって、それではわたしたちがすべての人間たちにとって善いことをすると、それがお前にひどいことをすることになるのか」と反問します。

それに対してペニアは「それでいったいどんな善いことを、お前さんたちは考えついたのかね」と尋ねます。するとクレミュロスは「どんなって、まずまっ先に、お前をギリシアから追い出すことさ」と言い、ペニアがそれに対して、「私を追い出すだって、人間どもにとってそれより大きな害悪をすることが、何か考えられるだろうか」とやり返すと、クレミュロスは「何かってそれは、そうしようとしておきながら、実行するのを忘れることさ」と言います。その言葉をうけてペニアは、こう言います。

それではここでまず私からお前さんたち二人に、このことについての私の考えを言って聞かせよう。そしてこの私ひとりがお前さんたちにとって、あらゆる善いことの原因であり、そもそもお前さんたちが生きていられるのだって、この私のおかげだということを、納得させてやろう。それでもし納得ができないと言うのなら、今からすぐにお前さんたちによいと思えるようにするがいい。

クレミュロスが、「このだれよりも忌まわしい女め、お前はそんなことまで臆面もなく言うのか」と言い返すと、ペニアはさらにこう続けます。

それだからお前さんは私の話を聞いて、そのことを得心しなさい。私にはお前さんが、正しい人たちを富ませるのがよいなどと言うのを、一から十までまちがいだとお前さんに説明するのが、まったく容易なことだと思えるのだから。

クレミュロスはこれを聞いて激昂し、こんな暴言を吐く貧乏神の首と両手をさらし板の穴にはめこんで打ち据えてやるためのさらし台と枚が必要だと叫びますが、ペニアは「話を聞く前から、そんなひどい罵言を吐いて、がなりたててはいけない」と言い、ブレプシデモスが「こんなことを聞かされて、声を限りにわめかない者があるだろうか」と言うと、「思慮分別のある者なら、だれもわめきはしないさ」と言います。

クレミュロスはそれで、ではそのことの決着をつけるための裁判（つまり議論）にとりかかるとして、敗けた時にお前が受ける罰を、どう決めておこうかと尋ねます。ペニアは「そのことなら、お前さんのよいと思うようにするがいいさ」と答え、クレミュロスが「よくもほざいたな」と言うと、ペニアは「もしお前さんたちのほうが負ければ、お二人が同じ目にあわねばならないのだからな」といいます。

受けさせる罰をブレプシデモスが、「二十回の死刑にあわせれば十分だろうか」と言い、クレミュロスが、「この女にはそれでよい。だがわれわれの方は二人しかいないので、二回の処刑しか受けられないが」と言うと、ペニアは、「お前さんたち二人はすぐに、その罰を受けることになるさ。何しろこのことで、何か私に正しいことを言い返せる者は、だれもいないのだから」といいます。

ここで合唱隊が口を挟み、次のように言ってクレミュロスとブレプシデモスに声援を送ります。

あなたがたはいますぐ、この女をやりこめるような、何か賢いことを言ってやらねばならない。弁舌で反論して、弱みは何一つ見せないようにするのだ。

クレミュロスはそれで、自分とブレプシデモスがしようとしていたのが、人間にとってこれ以上ためになることはありえぬほどよいことだと主張し、まずこう言います。

人間たちのうちで立派な者たちが幸福になり、彼らの中の悪人たちや不信心な者たちが、その反対の目にあうことが正当であるのは、だれの目にもはっきり分かることだと私には思える。私たちはそれで、そうなるようにしたいと願って頭を悩ました末に、結構で非の打ちどころのない、あらゆる場合に当てはまる計画を考えついたのだ。というのもプルトスがもしいま目が開いて、見えずに放浪するのを止めれば、彼は人間たちのうちの善い者たちのところに行って、彼らを見捨てることはせず、悪人たちや不信心な者たちからは遠ざかるだろう。そしてそのやり方で彼はけっきょくすべての人々を、立派で富裕で神々を敬う者にするだろう。人間たちにとってこれ以上にためになることを考えられる者が、だれかほかにいるだろうか。

そうするとブレプシデモスが、「そんな者はだれもいないということで、この私があなたの証人になる。だからこの女にはもう、これ以上は何も尋ねるな」と言い、そのあとクレミュロスは、さらにこう言葉を続けます。

なぜなら現在のわれわれ人間たちの暮らしは、だれの目にも狂っており、というよりまるで何かの悪霊に取りつかれているようだ。人間たちの中の多くの邪悪な者たちが、不正なやり方で富をかき集めて富裕になり、その一方で大勢の正直な者たちが、不幸な暮らしをして腹をすかし、いつもお前（＝ペニア）といっしょにいるのだから。だからもしプルトスが目が見えるようになって、この女の働きを止めさせれば、人間どもにとってこれ以上ためになる方途を考え出せる者は、だれもいないのだ。

技術も発明も慎ましさも貧乏だから存在する

そうするとペニアはこの主張に、真っ向から反論します。まずクレミュロスとブレプシデモスに、「すべての人間たちの中で、だれよりも容易に騙されて正気を無くしてしまうお二人のご老体、たわ言をほざいて、気狂いじみたことをなさるお仲間たち、もしもお前さんたちの望んでいることがその通りになれば、それはけっしてお前さんたち二人のためにならないと、私は断言する」と言ってから、こう言います。

なぜならもしプルトスの目がまた見えるようになって、自分自身（つまり富）を平等に分けるようになったりしたら、人間の中のだれも、技術や手練のことを顧慮しなくなる。そしてこの二つのことが、お前さんたちのあいだから消滅してしまうことになれば、いったいだれが鍛冶をしたり、船を建造したり、縫いものをしたり、車を製造するのか。だれが靴を作ったり、煉瓦を焼いたり、布を洗ったり、革をなめしたりするか。だれがいったい大地の土壌を鋤で掘り起こして、デオ女神（＝デメテル）の稔りを収穫するだろうか。もしもこれらすべてのことに何の心配もせずに、お前さんたちがまったく働かずに生きて行けることになれば。

この劇の中でクレミュロスは前章で見たように、自分がまったく無力の存在だと思い込んでいる福神に、彼がじつは持っている力の大きさを分からせようとして、「人間たちのあいだで、技術と発明が考え出されるのは、すべてあなたのお働きがあるからです」と言い、そのあとに、「それで彼らの中のある者は、坐って皮を切って靴を作り、別の者は鍛冶職に、また他の者は大工の仕事に従事し、また他の者はあなたから黄金を頂戴して、金細工をしているのです」と言い、そのあとさらに、「それである者は布を晒し、ある者は羊毛を洗い、ある者は革をなめしているのです」と、付け加えています。つまりそこでは彼は、人間たちがそれぞれ工夫をこらしながらさまざまな仕事に励んでいるのは、すべて富を得ようとしてやっていることなので、彼らにそれらの仕事や創意工夫をさせているのは、福神の働きだと言ったのですが、貧乏神はここでは、前にクレミュロスがすべて福神のおかげでされていると主張したそのあらゆる技術や発明が、福神の目が見えるようになれば、だれでも苦労などせずに富が得られるようになるので、人間のあいだから消滅してしまうと言ったわけです。

クレミュロスはそれで貧乏神に、「お前がほざくのは、まったくのたわごとだ。お前がいま並べあげたことはすべて、奴隷たちがわれわれのために、骨を折ることになるさ」と言いますが、それに対して貧乏神は、「それではどこからいったい、奴隷たちを手に入れるんだ」と尋ね、クレミュロスが「もちろん金を払って買うのさ」と答えると、「だが第一に売り手は、いったいだれなんだい。その男だってお金は、持っているのに」と尋ね、クレミュロスが、「金儲けが目当ての商人が、貪欲な人攫いどもがいる、テッサリアから売りにやってくるさ」と言うと、こう言い返します。

だが何よりもまず、人攫いをする者なんて、お前さんの言う通りならどこにもいなくなる。なぜならだれがいったい、懐が豊かなのに、自分の命を危険にさらして、そんなことをするだろうか。それだからお前さんは、自分で畑を耕し、地面を掘り返し、そのほかのさまざまな骨折りをして、今よりもずっと辛い暮らしを、送らねばならぬことになるのだ。

クレミュロスはそれで返答につまって、ただ「お前の罵言がすべて、お前の頭に降りかかるがよい（ソイ　デ　ケパレン）」と言い返すことしかできません。貧乏神はさらに、こう言います。

その上にお前さんは、眠るのに寝台に横になることもできないよ。寝台なんて、どこにも無いのだからね。だからと言って、敷物の上でというわけにもいかない。自分が黄金をどっさり持っているのに、敷物を織る者などどこにもいないからね。花嫁を家に連れてくるときにだって、香水の滴くを振りかけてやることもできなければ、いろいろな色に染めたぜいたくな衣裳で、飾ってやることもできない。こういうことが何もできないんじゃ、富裕であることに何の満足があるんだい。ところがこの私からは、お前さんたちに必要なものは、何でも簡単に、ふんだんに手に入る。この私は女主人のように坐っていて、職人たちが必要と貧乏にしいられ、生きるための手段を求めてせっせと働くように仕向けていればいいのだからね。

クレミュロスはそれで、貧乏が人間にもたらすひどい苦しみをならべたてて、こう貧乏神に反論します。

お前がくれることのできるけっこうなものと言えば、冬の寒さをしのごうとして風呂屋の炉にへばりついいてする火傷と、腹を空かした餓鬼どもと婆さんたちが騒ぎたてるやかましい物音だ。その上に数えきれない虱と蚊と蚤の大軍が、頭のまわりでぶんぶんがなりたてて我々を苦しめ、「腹が空いていいようが、さっさと起きるんだ」と言って、眠っている我々の目を覚まさせる。それに加えてさらに、外衣にしているのはひどいぼろで、寝台の代わりになるのは、南京虫がうようよいて眠っている者を容赦なく目覚めさせる、イグサのわらを敷いた寝床で、敷物の役をしているのは腐ったむしろだ。枕の代わりには大きな石ころの上に頭をのせ、パンの代わりに食べるのは、アオイ草の芽で、菓子の代わりになるのは、枯れたカブの葉っぱだ。腰掛けにするのは砕けた土の甕の頭で、こね桶の役をするのは、これも壊れた酒樽のまわりの板だ。これだけ言えば、お前が原因になって、人間たちみんなにどんなけっこうなことが起こるかは、だれの目にも明らかだろう。

そうすると貧乏神はそれに対して、クレミュロスがいまさんざんけなしたのは乞食の暮らしで、自分がまともな貧乏人にさせる生活はそれとは違うと言うので、クレミュロスは、「乞食の暮らしは貧乏と、姉妹だって言われているじゃないか」と言い返します。そうすると貧乏神は、「それはディオニュシオスが、トラシュブロスに似ているなどと言う、お前さんたちがほざくことさ」と反論します。

トラシュブロスは、『女の議会』二〇三行からアリストパネスが好意を寄せていたことが知られている、前五世紀末から四世紀はじめにかけて、アテネの民主派の立役者だった人物ですが、その威勢を同時代のシュラクサイの有名な僭主だった、ディオニュシオスになぞらえて非難されることがあったことが知られています。貧乏神はそれでここで、クレミュロスが乞食と貧乏人とを区別しないのは、アテネの民主派の中心人物のトラシュブロスと、よその市の専制君主のディオニュシオスとを同類のように見なす、一部のアテネ人たちの態度とそっくりだと言ったとされているわけです。そしてそのあとに続けて、貧乏神はこう言います。「だが私がさせる暮らしは、ゼウスにかけてお前さんが言ったようなものとは違うし、そのようなものになることはない。お前さんが言う乞食の暮らしは、無一物で生きることだが、貧乏人の暮らしはそれとは違って、仕事に励みながら節約して生きて行くことで、余分なものは何一つないが、だからと言って必要なものにことを欠くことも無いのだ」。

クレミュロスはそれで、「たしかにお前が言うその暮らしはデメテルにかけて、幸せなものだ。そう節約しさんざん苦労した末に、死んだあとには埋葬の費用も残らないのだから」といいます。そうすると貧乏神はそれに対してクレミュロスに、「お前は嘲ったりちゃかそうとばかりして、真面目に議論しようとする気が無い。第一に私がプルトスよりも人間たちを、心も姿形もよりよくすることを知らずにいる。なぜならあの神のもとでは、彼らは足には通風を持ち太鼓腹で、脛は脹れ上がってひどいデブだが、私のところではそれと反対に痩せて、腰は蜂のようにくびれていて、敵たちに対しては手強いのだから」と言い、クレミュロスはそれに対して「それはお前が、飢えによって彼らの腰を、蜂のようにくびれさせているからだろう」と反論します。

そうすると貧乏神はクレミュロスとブレプシデモスに、「では今度は思慮分別のことを問題にすることにして、私はお前さんたち二人に慎ましさは私のもとにあり、傲慢さはプルトスに属するということを教えよう」と言うので、クレミュロスとブレプシデモスは貧乏神が、「慎ましさは自分のもとにある」と言ったのを、貧乏人がする盗みは人目に立たぬようにこっそりとせねばならないという意味に受け取って、クレミュロスは、「盗んだり壁を掘ったりするのはたしかに、こっそりと慎ましくせねばならないな」と言い、ブレプシデモスは、「ゼウスにかけて、隠れてせねばならないことはとうぜん、慎み深くする必要があるからな」と言います。そうすると貧乏神は、その彼らの言うことは相手にせずにこう言います。

弁論家たちが、方々の市でやっていることを見れば、そのことがよく分かる。彼らは貧乏でいるあいだは、民衆に対しても市に対しても正しい人たちだが、富裕になるとたちまち一変して不正な者たちになり、多数の人々の利益を裏切り、民衆の敵たちになるではないか。

貧乏は人をよりよくする

クレミュロスはそれで、このことについては貧乏神の言ったことが、すべてその通り真実であることを認めて、まず「お前はひどい悪口を述べはしたが、たしかに真実でないことは、何一つ言っていない」と言います。だがそのあとに続けてこう言って、いくらたしかにその通りであると言っても、富（プルトス）よりも貧乏の方がより善いと、自分たちを説得することは絶対にできないと言い張ります。

だがだからと言ってお前が泣きの涙を、たっぷり流さないわけにはいかないぞ。貧乏の方が富よりも善いと説き伏せようとして、いくら上手に理屈をこねても、そのことを自慢させはけっしてしないのだから。

貧乏神はそれで、クレミュロスの自分に対する反論が完全に破綻していることを、「お前はこのことについて、やたらに無駄口をたたいてじたばたしているだけで、まだ私に対して何も筋道のたった反駁はしていない」と言います。クレミュロスはそれで貧乏神に、「それならなぜみんなが、お前から逃げるのか」と言って、貧乏がそれほど善いことなら、人々はなぜみんな貧乏神から、逃げて行こうとするのかと、貧乏神に尋ねます。そうすると貧乏神は、こう返答をします。

それは私が彼らを、より善くするからだ。子どもたちを見れば、そのことがよく分かるが、彼らは自分たちのことを、だれよりもよくしようと考えてくれている父親たちから、逃げて行くじゃないか。自分にとって正しいことが何かを見分けるのは、それほど難しいのだ。

クレミュロスはそれに対して、「それではお前はゼウスに、自分にとってもっともよいことが何かを、正しく見分けることができていないというのか。あのお方だって、富を持っておいでになるじゃないか」と言い、そのあとにブレプシデモスが、「そしてこの女（=貧乏神）を、われわれのところに送ってよこしている」と付け加えます。つまり二人は貧乏神に対して、もし彼女が言うように貧乏がそれほど結構なことで、その反対に富が持つ者のためにならないのなら、ゼウスは自身が富を持ち、貧乏を人間たちのもとに追いやることで、明らかに自分の利益に反することをしていることになるが、それはゼウスに、何が自分にとってよいことかが分かっていないからだと、貧乏神は言うのかと彼女に問い質したわけです。

そうすると貧乏神はまずそれに対して彼らに、「お前さんたちは二人ともに、目は開いていても心の目はまったく、クロノスの時代からたまった目やにに塞がれて、見えていない人たちだ」と言い返します。それからクレミュロスに向かって、こう言います。

ゼウスはもちろん貧乏なので、そのことを私がいまお前さんに、はっきり教えてやろう。もし富んでいるのなら、彼はどうしてオリュンピア競技を催して、四年目ごとにギリシア中の人々を集めておきながら、競技に勝った者たちに、野生のオリーヴの冠を与えて表彰するんだ。もしも富んでいるのなら、冠にはとうぜん黄金を使うはずではないか。

クレミュロスはそれで、こう言い返します。

そのことであのお方が、富をどれほど大切にしていられるかが、はっきり分かるじゃないか。勝利者たちに価値の無い飾りを与えることで、彼は節約し、何一つ無駄使いをせぬようにして、富をご自分の手もとに残しておいでになるのだから。

そうすると貧乏神は彼に、「もしもあのお方が富裕であられるのに、それほど吝嗇で強欲だと言うのなら、お前はあのお方に、貧乏よりもさらにずっと恥ずべきことを、なすり着けようとしていることになるぞ」と言うので、クレミュロスはそこでまた返答につまって、「ゼウスがお前を、野生のオリーヴの冠を被らせたまま、くたばらせてくだされぼいい」と言って、貧乏神を罵ることしかできません。そして貧乏神が勝ち誇って、「お前さんはこれでもまだ、すべてのよいものが貧乏のおかげで、お前さんたちのものになっていることに、敢て異議を唱えられると思うのか」と言うと、最後に破れかぶれになって、クレミュロスはこう言い返します。

富裕であるのと貧乏であるのとどちらがよいかは、ヘカテ女神に尋ねればすぐに分かることだ。この女神は富んでいる者たちは、月ごとに自分に食事を供えてくれるが、貧しい人間たちはその供物を、置かれるはしからさっさと持ち去って行くと言われているじゃないか。

そしてそのあとがらりと口調を変えて、「くたばってしまえ。これ以上は一言もぶつぶつ言うな。お前が私をどのように説き伏せても、私は説き伏せられはしないのだから」と言い、そのあと貧乏神の言うことにそれ以上はいっさい耳を貸さずに、「今すぐにわれわれのところから姿を消して、鴉どものところへ行ってしまえ」と言って、彼女をその場から追い払います。貧乏神はそれで、「お前さんたちはいまにまちがいなく、私をまたここに呼び戻すことになるさ」と言って、うんざりしきった様子で嘆きながら、その場から立ち去ります。クレミュロスはそれで、「そうなったらまた戻ってくればよいが、今はともかくくたばってしまえ。私には自分が富んで、お前には自分で自分の頭をたたいて泣き声をあげさせておく方がよいのだから」と言い、そのあとにブレプシデモスもこう言います。

そうだとも、ゼウスにかけてこの私だって富裕になって、子どもたちや妻と楽しい暮らしをしたい。そして入浴したあとには、風呂を出てから油をぴかぴかに塗って、職人どもと貧乏神に、屁をひっかけてやりたい。

そしてそのあとクレミュロスは、「これでやっとあのすれっからしの女は、私たちのところからいなくなった。私と君はできるだけ大急ぎで、この神様（＝プルトス）をアスクレピオス様のところへ、寝床にお付けしにお連れしなければならない」と言い、ブレプシデモスは、「そうだとも、本当にぐずぐずしてはいられない。さもないとまただれかが、せねばならぬことをやるのを、じゃまをしにやってくるかもしれない」と言って、二人は計画していた通り、プルトスをペイライエウスにできていたアスクレピオスの神殿に参籠させるために、クレミュロスの奴隷のカリオンを従者に連れて出発します。

貧乏神のほんとうの役割

このようにプルトスの目を見えるようにするために、友人のブレプシデモスといっしょにこの神を、アスクレピオスの神殿に参籠させに連れて行こうとした矢先に、『プルトス』の主人公のクレミュロスは、彼がしようとしているその治療によって目が見えるようになる福神のプルトスと、貧乏神のペニアのどちらが人間のためになるかを、そこに姿を現したペニアと、長い議論（アゴン）をして言い争ったことになっているわけです。そしてこのアゴンで彼は、ペニアを言葉で言い負かすことには、完全に失敗していることが明らかだと思われます。彼は見たように、「お前が私をどのように説き伏せても、私は説き伏せられはしないのだから」と言って、この論争を打ち切ったことになっているわけですが、ここで「たとえお前が私を、どのように説き伏せても（ウデン　ペイセス）」と言うことで彼は、議論では自分が完全に説き伏せられて、完膚無きまで言い負かされたことを認めています。そしてそれでも「私は説き伏せられはしないのだから（ウ　ガル　ペイセイス）」つまり、「たしかに言い争いで自分は負けはしたが、負けを認めることは絶対にしない」と強弁して、ペニアを無理矢理に退散させたことになっているわけです。それだからその場を去るに当たってペニアは見たように、「お前さんたちはいまにまちがいなく、私をまたここに呼び戻すことになるさ（ヘメン　ヒュメイス　ゲティ　メンタウトイ）」と、捨て台詞を吐いたとされているわけです。

ただ劇の中でこのように捨て台詞としてペニアが「必ずそうせざるをえなくなる」と予言したとされていることは、実際に実行はされず、ペニアが彼女が不在であることに困惑した人間たちによって、そこにまた呼び戻されるという出来事は、劇の結末まで起こってはいません。そして本書の第二章で見たように『プルトス』は、目が見えるようになった福神が、ゼウスもそこに自分から参加しにやってくる至福の状態を、アテネに現出させることで終わっているわけです。

だがその結末に行き着くまでの過程で、貧乏神がクレミュロスとのアゴンの中で雄弁に主張した、人間にとっての貧乏の価値と必要は、クレミュロスによっても他のだれによってもけっして否定されていません。『プルトス』の結末で、福神の目が見えるようになることでアテネに現出したことが描かれている無可有的な至福は言うまでもなく、ただ喜劇の中でだけ起こりえることです。劇の上演に立ち会った人々が、日々に経験している現実の中では、福神の目が見えるようになるなどという事態は、けっして現出するはずがありません。劇の中に貧乏神を登場させて、その口から貧乏な暮らしが人間にとって持つ価値を、雄弁に主張させることはですから、劇の上演が終わりその中で描かれた無可有の至福に束のま喝采し酔い痴れた観衆を、貧乏に耐えて生きて行かねばならぬ彼らの日常に、慰藉を感じながらまた戻って行かせるのに、肝要な役を果たしているのだと思われます。

それでアリストパネスは、全体が一二〇九行からなるこの劇の中心部に当たる四一五〜六〇九行に、プルトスとは相容れない存在であるペニアを長々と登場させたのでしょう。そして劇の中でプルトスの治療がされて目が見えるようになり、それまで隠れていた福神の持つ力が存分に発揮されるようになるより前にまず、そんな無可有郷が実際には現出することのけっしてありえない現実の中で、貧乏神がたしかに持っている価値と力とについて、クレミュロスにも反論することが難しい長広舌を、ここで見たようにしてふるわせているのだと思われます。

第四章　理想の英雄

――『イリアス』に描かれたアキレウス

ギリシァ文学と神話の嚆矢としての叙事詩

古代ギリシァの文学の中では本書の第一章で見たような、目から鼻へ抜ける奇想天外な才智の持ち主だが、生まれついての大泥棒で、どんな厚顔な嘘でもしゃあしゃあとつくヘルメスをはじめとして、第二章で見たように目が見えぬために、自分から富を授かるのに相応しい善人と、そうでない悪人との区別がつけられないという、困った欠点を持った福神のプルトスや、情け深くて病気に苦しんでいる人間たちの祈りを叶え、有り難い救済者になってくれると信じられて、時代が下がるにつれてますます厚く尊崇されるようになった医術の神のアスクレピオスなど、それぞれにユニークな特徴を持った神さまたちが登場して、その千姿万態な働きが、愉快な神話として物語られています。

そのような興趣の尽きぬギリシァ文学と神話の嚆矢となったのは、紀元前八世紀から七世紀にかけて作られた「叙事詩」と呼ばれる長篇の詩で、われわれが読むことのできるその最古の作品は、ホメロスという大詩人の作として伝えられている『イリアス』という詩です。その中では現在のトルコの西北部の海岸の近くにあって殷賑をきわめていたトロヤという市に、ギリシァから英雄たちの大軍が遠征して、十年にわたって攻囲した末についに滅亡させたという、トロヤ戦争という事件の十年目に起こった一連の出来事の経緯が歌われています。この詩の主人公は、第四章でこれから見るように、このトロヤ戦争でギリシァ軍の花形として無双の勇武を発揮し、鬼神ものぐ活躍をしたとされているアキレウスという大勇士の英雄です。

この『イリアス』に続いて紀元前八世紀の終わりには同じホメロスがその作者だったと伝えられている長篇詩の『オデュッセイア』が作られました。その主人公は、神々によって造られた堅固な城壁に守られていたために、難攻不落だったトロヤをついに攻略するために「トロヤの木馬」と呼ばれている、絶妙と言うほかない有名な計略を考案して、この戦争でのギリシァ軍の勝利のために最大の貢献をしたとされているオデュッセウスという抜群の知謀を持っていた英雄です。この大手柄をたてたあとに、凱旋の帰国をしようとしたオデュッセウスは、落城させたトロヤの地を出港したあと、十年にわたって不思議な冒険をしました。そしてそのあいだに連れていた部下の軍勢を船と共にすべて失い、しまいにたった一人になって故郷のイタカに帰り着き、そこでまた大変な苦労をして、王位と彼の帰りを待ち侘びていた貞節な王妃のペネロペをようやく自分の手に取り戻すことができたとされています。『オデュッセイア』には、この数奇な冒険の旅のあいだに、オデュッセウスが次々に嘗めねばならなかった言語を絶するほどの辛酸と、それらを克服するために縦横に発揮された彼の機才が詳しく物語られています。

これらのホメロスの作品に続いて紀元前七世紀の初めにはヘシオドスによって、『神統記』と『仕事と日』という二編の詩が作られました。同じように叙事詩と呼ばれていてもこれらの詩の内容は、英雄たちの華々しい活躍を物語っているホメロスの詩とは、がらりと違っています。まず『神統記』には、世界のはじめにどのようにして神々が次々に誕生して、宇宙ができたのか。そのあとにどのような事件があって、ゼウスが天上で世界を統治する神々の王の地位についたのか。それからどのようにして他の神々にそれぞれの役目を定めて、現在の世界の秩序を作り上げたのかが、筋道の立った話として語られています。それでこの詩はその後のギリシアで、神話を最初に概説した教典として、権威を持ち続けることになりました。

その『神統記』とまたがらりと違って『仕事と日』には、第五章で見るように重要な神話も語られていますが、それらも含めてこの詩でヘシオドスは、怠け者だったペルセスという自分の弟に対して、貧乏を逃れて生活の安定を得るために、彼がどのような心がけを守りながら、季節の変化に従って日々の生活を営み、勤労に励まねばならないかを、懇切に教え諭しています。つまりこの詩は、自分も牧畜と農作に従事しながら詩作したことが知られるヘシオドスが、自身がその一人だった当時の農夫たちに、彼らが守らねばならぬ教えを述べているので、『神統記』が「神話詩」、ホメロスの詩が「英雄詩」であるのに対して、農夫たちのための「教訓詩」と呼べるような内容になっているのです。

この詩に説かれている農夫たちの日常生活と勤労についてのあくまでも地道な教訓には、ホメロスの詩で称揚されている、血湧き肉躍る英雄たちの輝かしい倫理とはとうぜん、それぞれがまったく別の世界に属すると言えるほど、大きな懸隔があります。だがその隔絶して見える違いにもかかわらず、一方のホメロスの詩に描かれている英雄の理想像と、他方で『仕事と日』で農夫たちに守ることが勧められている生き方のあいだには、根底のところではっきりした共通点と一貫性があります。それは自身に定められている運命がどれほど苛酷であっても、それを逃避もたじろぎもせずに引き受けて、その運命の中で自分にできる限り、人間としての価値を実現して生きようとする態度です。

人間をあくまで世界の中心と考えて、宇宙の万物の価値を人間に照らして判断しようとする、「人間主義（ヒュマニズム）」と呼ばれるものの考え方はよく知られているように、古代ギリシアからヨーロッパに受け継がれて、現在まで連綿として、西洋の文化の基盤であり続けてきました。そのギリシアのヒュマニズムは、第四章で見るアキレウスの理想の英雄像の中だけでなく、それと一見するとまるで違って見える、第五章で見る『仕事と日』で農夫たちに勧められている、日常の生き方にも明らかに、共通して表明されているのです。本書の締め括りとなる最後の二章ではそれで、ギリシア文学の出発点となった叙事詩ですでにそのギリシアのヒュマニズムが、形を変えながらはっきりと表現されていることを、確かめてみることにします。

二人の美女とアポロンの怒り

怒りを歌いたまえ。女神よ、ペレウスの息子アキレウスの、

のろわしいその怒りが、アカイア人たち（＝ギリシァ軍）に、無数の苦しみを与え、
英雄たちの雄々しい魂を、かくも数多く冥府へ送り、
彼らの死体を、犬どもとあらゆる猛禽のたぐいの餌食にした。
ゼウスのたくらみが、成就されつつあったそのあいだに。

われわれが読むことのできるギリシァ文学の最古の作品である、ホメロス作の叙事詩『イリアス』は、冒頭（I、一〜五）でまず、詩の女神ムサへのこの呼びかけがされることで始まっています。つまりギリシァ文学とその後に続く西洋の文学は、アキレウスという一人の英雄の怒りと、その怒りによってひき起こされた事件とが、大詩人によって詩の女神の助けを祈りながら歌われることによって、緒についているわけです。

アキレウスは、トロヤ戦争で、大活躍をしたとされている英雄です。この戦争は、現在のトルコの西北部の海岸に近い、ダーダネルス海峡に面した丘の上にあって、繁栄を極めていたトロヤという町の王子だったパリスが、ギリシァのスパルタから、メネラオスというこの国の王の妃で、世界一の美女だったヘレネを、誘拐してきて自分の妻にしてしまったために起こりました。アキレウスはヘレネを取り戻すためにトロヤに攻めてきたギリシァ軍の中でも、無双の勇士でした。

それでパリスの兄で、トロヤのプリアモス王の長子だった、豪勇のヘクトルを総大将とするトロヤ軍は、戦争が始まるとたちまち発揮されたそのアキレウスの超人的な武勇に恐れをなして、町に

たてこもったまま外に出てきて戦おうとしなくなってしまいました。そうするとギリシア軍にも、手の打ちようがなくなりました。なぜならトロヤの城壁は、プリアモスの父のラオメドンがトロヤの王だったときに、ポセイドンとアポロンの二神が彼のために、築いてやったものだったからです。それで敵が城門を閉ざしてその中に閉じこもってしまうと、ギリシア軍にも、この神の造った城壁を破って町に攻め込むことは、不可能だと思われたのです。

それでギリシア軍はトロヤを攻囲する一方で、余力を使って付近の町を攻略しては、財宝や女たちを分捕ってきて、それを大将たちが分けあって憂さばらしをしていました。これらの略奪のための戦争でも、いつもみんなの先頭に立って、だれよりも目覚しい手柄をあげ、多くの戦利品を持ち帰っていたのは言うまでもなく、アキレウスでした。

ところがこのようにしてギリシア軍がトロヤを攻囲したまま、戦局に大きな変化が起こらずに、九年という長い年月が過ぎ、戦争が十年目に入ったところで、膠着していた戦況に、急に劇的な変化が起こったのです。そのきっかけとなったのが、『イリアス』の冒頭で「ペレウスの息子アキレウスののろわしい怒り」と呼ばれている事件でした。

ギリシア軍が掠奪してきた女たちの中に、とりわけ抜群の美女が二人いました。その一人はブリセイスで、もう一人はクリュセイスでした。ブリセイスはブリセスという祭司の娘で、ミュネスという人の妻になっていましたが、ギリシア軍がリュルネッソスという町を攻略したときに、アキレウスによってこの夫を殺されて捕虜にされ、戦いのあとで手柄に対する褒賞としてアキレウスに与えられていました。アキレウスは自分に奴隷として仕えることになったこの美女を、妻にしてやってもよいと思うほど深く寵愛していました。クリュセイスは、クリュセという町の王で、そこのアポロンの神殿の祭司だったクリュセスの愛娘でしたが、テベという町に滞在していたときに、そこを攻略したギリシァ軍の捕虜にされ、戦利品が分配されたときに、総大将のアガメムノンに与えられていました。この二人の父であるクリュセスとブリセスは兄弟でした。つまり二人の美女は、従姉妹どうしだったのです。

クリュセイスがアガメムノンの奴隷にされたことを知ったクリュセスは、娘を買い戻そうとして、手にアポロンの祭司であることを示すしるしのついた黄金の杖を握りしめ、沢山の財宝を持ってギリシァ軍の陣営にやって来ました。そしてこう言って、アガメムノンと他の大将たちに嘆願しました。「どうかこれらの品を代償として受け取られて、大切な娘は、父の私に返してください。さもないとあなたがたは、私が祭司としてお仕えしているアポロンを怒らせ、この神から恐ろしい祟りを受けられることになるでしょう」。

これを聞いて他の大将たちはみんなアガメムノンに、アポロンを怒らせぬために代償の財宝を受け取って、娘を父に返してやるように勧めました。ところがアガメムノンは怒って、クリュセスに対してこんなひどい暴言を吐いて、彼を追い返してしまったのです。「二度とお前の顔を私に見せるな。今度もし会えば、アポロンの祭司の杖だって、私の怒りからお前を守ることはできないだろう。あの娘は、返してやらない。年を取って、役に立たなくなってからなら別だが。それまではトロヤを攻略したあと故国のミュケネに連れ帰って、昼は奴隷として働かせ、夜は寝床で奉仕させることに決めているのだから。命が惜しければ一刻も早く立ち去って、二度と戻ってくるな」。

それでこの剣幕に恐れて、クリュセスは黙って引き下がって行きましたが、海岸のだれもいない場所に来ると、彼はそこで泣きながらアポロンに、こう言って祈ったのです。「神さま、私があなた様のために建ててさしあげた神殿と、そこでお供えして参りました供物のことを、どうか思い出され、ギリシア軍に矢を射かけて、あなた様の祭司を侮辱する者が、どれほど重い罰を受けねばならぬかを、アガメムノンに思い知らせてやってください」。

そうするとこの祈りを聞いたアポロンが、本当にアガメムノンとギリシア軍に対して激しく怒って、天から降りてきたのです。そして当たるものがたちまち疫病になって死ぬ、人間の目には見えぬ恐ろしい矢を、ギリシア軍に向けて雨霰と射かけました。それでギリシア軍の陣営には、たちまち疫病が広がり、まず家畜が、次には兵士たちがその犠牲になって、死ぬ者がひきもきらず、死骸を焼く火葬の火が絶えるまもない惨状になりました。

このような状態が、それから九日間続きましたが、それでも総大将のアガメムノンは手をこまねいたままで、何の対策も講じようとしませんでした。それで十日目にアキレウスがたまりかねて、自分が音頭をとって大将たちを呼び集めました。そしてアガメムノンに向かって、こう言ったのです。「このままではわれわれは、トロヤの攻略をあきらめて、国へ帰るほかなくなってしまう。いったいなぜこんな災いが、とつぜんギリシア軍を襲ったのか、そのわけを予言者に占ってもらってはどうだろうか」。

　そうするとギリシァ軍に参加している、カルカスという高名な予言者が、すぐに立ち上がってこう言いました。「この災いが起こったわけなら、あらためて占ってみるまでもなく、私にはよく分かっています。だがそれを言えば、ギリシァ軍の中でもとくに偉い人を怒らせることになるので、その前にその人の怒りから、必ず私の身を守ってくださると約束してください」。

　アキレウスはそれで、「たとえ総大将のアガメムノンが相手でも、カルカスに危害を加えることは、自分がけっして許さない」と、誓いをたてて固く約束してやりました。そうするとカルカスは、こう言ったのです。「この災いは、アポロンによって下された神罰です。アポロンはあのクリュセスが、財宝をもってやって来て頼んだのに、娘を返してやらず、侮辱を加えて追い返したことに対して、お腹立ちになっていられるのです。だからあの娘を、何の代償も求めずに、すぐに父のもとに返さねばなりません。そしてそれといっしょに百頭の牛を持って行き、クリュセの神殿で犠牲に捧げれば、アポロンはこの疫病を終わらせてくださるでしょう。そうしなければこの災いは、けっして終わることがないでしょう」。

　これを聞くとアガメムノンは、たちめち顔色を変えて怒り出しました。だがそれでもクリュセイスを父のもとに返すことは、しぶしぶ承知しました。他にどうすることもできぬことが、火を見るよりも明らかだと思われたからです。ところが彼は、自分がとても気に入っているこの美女を手放す代わりに、その埋め合わせになるものを、他の大将たちからもらいたいと言い出したのです。アキレウスはそれで、「その埋め合わせは、トロヤを攻め落としたときに、何倍にもしてきっとするから」と言って、アガメムノンをなだめようとしました。だがアガメムノンは、そう言われるとかえってますます激高して、アキレウスと激しく言い争い、しまいにアキレウスに向かって、こう言ったのです。

お前が腹を立てて、国へ帰ると言うのなら、勝手にそうするがいい。私はけっして、引き止めはしないから。だがクリュセイスを手放す埋め合わせには、お前からブリセイスをちょうだいすることに決めた。よこさぬと言うなら、自分でお前の陣屋まで行って、奪ってくるまでだ。

これを聞くとアキレウスも激しい怒りをおさえられなくなり、アガメムノンに斬りかかろうとして、腰の剣を抜きかけました。だがこの様子を天から見ていた、ゼウスのお妃のヘラ女神が、すぐにアテナ女神をその場に派遣したのです。トロヤ戦争ではオリュンポスの神たちも二手に分かれて、ギリシア方とトロヤ方のそれぞれを応援していましたが、この二柱の女神たちは、その中でももっとも熱心なギリシア方の味方だったのです。アテナはそれでアキレウスの背後に降りてきて、やにわに髪の毛をつかんで、すんでのところで彼が剣を抜くのを引き止めました。

アキレウスは振り返って、女神を見て本当にびっくり仰天しました。アテナの姿はこのときただ彼だけに見え、他のだれの目にも見えていなかったのです。アテナは驚いている彼に、こう優しく言い聞かせました。「わたしが来たのは、お前にアガメムノンを害するのを止めさせるためです。ヘラ女神も心配しておいでだから、彼に剣を向けることだけはどうか思いとどまっておくれ。言葉でなら気のすむまで、非難してやってよいから。その代わりにいまお前がうけた仕打ちの償いは、きっと何倍にもしてさせると、わたしたちが約束するから」。

アキレウスはそれで、「腹は怒りで本当に煮えくり返る思いですが、お偉い女神さまであられるお二方のご命令にはつつしんで従わねばなりません」と言って、抜きかけていた剣を鞘におさめました。これを見てアテナは、満足して天に帰って行きました。アキレウスはそれからアガメムノンに、言いたい放題の非難を浴びせた上で、こう言ったのです。「ブリセイスのことでは、私はあなたとも他のだれとも、争うつもりはないから、欲しいのなら勝手に取って行け。だがあなたのような総大将のもとで、戦うのはもうまっぴらだ。どんなに頼まれても、もう二度と戦いには参加はしない。そうすればきっとあなたは、あのヘクトルの武勇によって味方がさんざん苦しむのを見て、無双の勇士のこの私を侮辱して怒らせたことを、心の底から後悔するだろう。だがそのときには、そんな後悔はもう、何の役にもたたないだろう。なんと言ってあやまってきても、私があなたと仲直りして、また戦いに加わることは、こんりんざいありえないのだから」。

それから彼は陣屋に帰ると、アガメムノンから遣わされてきた者たちに、怒りをじっとこらえてブリセイスを引きわたしました。そのあいだにアガメムノンの方は、クリュセイスを百頭の牛といっしょに船に乗せ、父のクリュセスのもとに送り返す役目を、ギリシァ軍の大将たちの中でも彼がとくに深く信頼している、オデュッセウスに依頼しました。娘が返されるとクリュセスは大喜びをして、さっそく運ばれてきた百頭の牛を犠牲に捧げて、アポロンにギリシア軍を疫病で苦しめるのを止めるように祈りました。そうするとその祈りはすぐに聞かれ、それからはギリシア軍の中で、疫病で死ぬ者はいなくなりました。

アキレウスの出自

一方アキレウスは、ブリセイスが連れ去られたあとで、海岸のだれもいない場所に行って、海から母の女神を呼び出しました。アキレウスの父は、テッサリアのプティアという町の王だったペレウスという人間の英雄でしたが、母は海に住むテティスという女神だったのです。テティスはネレウスという海神の娘のネレイデスと呼ばれる五十人の海の女神たちの中でも、とりわけ絶世の美女でした。それでゼウスが彼女に、熱心に求愛し、また海の王のポセイドンも、彼女の美貌に魅せられて、しつこく言い寄っていました。

ところがこのテティスはだれの子を産んでも、その子が必ず父親よりもずっと強くなるという運命の定めを持っていました。ですからゼウスかポセイドンがもし求愛に成功して、テティスに子を生ませれば、その子は父の神よりも強くなり、いま世界を支配している神々の地位を、奪い取ってしまうところだったのです。それでこのことを掟の女神のテミスに教えられて知ったゼウスは、じぶんもテティスへの求愛を止め、またポセイドンにもわけを話して、この女神に言い寄るのを止めさせました。そしてテティスを、人間の英雄のペレウスと結婚させることに決めたのです。そうすればテティスがその結婚によって、父のペレウスよりいくらずっと強い子を産んでも、人間であるその子によって神々の地位が脅かされることは、けっしてありえないことが明らかだったからです。

だがテティスは、人間の英雄とのこの結婚を喜びませんでした。そして、こう言ったのです。「女神である私が、そう簡単に人間の男の妻になってやることはできません。だがもしもペレウスに、私を捕らえて力ずくで妻にすることができれば、そのときは彼を夫と認め、その子どもを、私の女神の腹から産んでやることにします」。

そのためにペレウスはゼウスから、人間の身で海にいる不死の女神を捕らえて、力ずくで妻にするようにという、大変な難題を課せられることになったのです。だが彼にはこんなときにいつも味方をしてくれる、賢い保護者がいました。それはペリオンという山の奥の岩屋に住んでいた、ケンタウロスのケイロンという神さまでした。ケンタウロスというのは、四つ足の馬の体の上に、人間の上半身がついた怪物です。だがケイロンは、他のケンタウロスたちと違って、形は怪物でも不死の神で、非常な物知りでした。それでペレウスにどうすればテティスを捕らえて、妻にすることができるかと相談されると、彼にこう教えてやったのです。「この山のふもとの近くの海岸に、セピアスと呼ばれる岬があり、そこにテティスが満月の夜にやって来る岩屋がある。そこで岩の陰にじっと隠れて待ち伏せていれば、彼女を捕らえることができるだろう。抱かれると彼女はいやがって、ありとあらゆるものに次々に変身して、逃げようとするだろう。だが何に変ってもこわがらずに、しっかり抱きしめたまま放さずにいれば、しまいにあきらめてもとの美しい女神の姿に戻って、結婚を承知するだろう」。

ペレウスはそこで教わった通りにして、セピアスつまり烏賊岬（セピアはギリシア語で「烏賊」という意味）という妙な名前のついた岬の岩屋で、満月の夜に待ち伏せをしていて、テティスを捕えました。そうすると女神は、彼の腕の中でまず火に変り、それから水や木や鳥やライオンや蛇などに次々に姿を変えて、懸命に逃げようとしました。だが何に変ってもペレウスがひるまずに、しっかり抱きしめたままでいると、最後にそれがこの女神の隠れた正体だった、大きな白い烏賊の姿に変ってから、そのあとでもとの絶世の美女の女神の姿に戻りました。そしてペレウスの抱擁に、身をまかせたのです。テティスがこうしてペレウスと、夫婦の契りを結んだことを知ると、ゼウスはオリュンポスの神たちみんなといっしょに、ペリオン山に降りてきました。そしてそこで盛大な宴会を開いて、この女神と人間の英雄の結婚を祝ったのです。

だがこの結婚は、長くは続きませんでした。なぜならペレウスの子として、アキレウスを産んだあとで、テティスはこの子を不死にしようとしました。そしてそのために昼まには、神々を不死にするアムブロシアという食べものを、赤児の体にすりこみ、夜になると彼を火の中で燃やすことを続けていました。それは彼の人間の肉体を、少しづつ燃やして減らして行き、体をだんだんと不死にするためでした。ところが十二日目の夜にペレウスが夜中に起きてきて、テティスのしていることを見てしまったのです。彼は妻の女神がてっきり赤んぼうを焼き殺していると思って、悲痛な叫び声をあげました。

　アキレウスを不死にしようとしたテティスの企ては、それでこの妨害のせいで、中途はんぱで終わってしまいました。落胆したテティスは、赤ん坊を火から取り出して、床の上に投げ出しました。そしてそのまま家を出て、海の底にいる父と姉妹たちのもとへ、帰って行ってしまったのです。だがこの母のしてくれたことのおかげでアキレウスは、不死にはなれませんでしたが、彼の体はただかかとの部分だけが普通の肉体で、ほかの部分はどんな武器でも傷つけられなくなったのです。

　テティスに去られてしまったあとで、ペレウスはアキレウスを、ペリオン山の岩屋に連れて行きました。それは彼をケイロンに預けて、完璧な英雄に育て上げてもらうためでした。ケイロンは医術の神のアスクレピオスを、生まれたあとすぐに父の神のアポロンから預かって育てたこともあり、教師としてもとても評判が高かったのです。彼はアキレウスにも武勇とともに医術も教え、またライオンの内臓や、猪と熊の骨の髄など、力と勇気と敏捷さのもとになるものを食べさせて、彼がいやが上にも強くたくましくなるようにしました。そのおかげでアキレウスは、まだ幼児のうちにもう、ライオンを格闘で負かし、鹿と競走をして勝ち、重い槍をまるで矢のように軽々と投げることができました。ケイロンは彼に、医術と武勇だけでなく、道徳や礼儀作法や神々を敬うことなども教えました。それで彼は無双の勇士であるだけでなく、他の点でも非の打ちどころのない、あらゆる点で理想的な英雄になったのです。

　ですからブリセイスを、アガメムノンから派遣されてきた者たちに、連れ行くように引き渡したあとで、アキレウスは海岸の人気のない場所に行き、そこにテティスを海から呼び出しました。そして自分がアガメムノンから理不尽な侮辱を受けたことを、泣きながら母の女神に説明し、彼女にこう言って頼んだのです。「どうかオリュンポスに行かれて、ゼウスにこうご依頼をなさってください。トロヤ軍を勝たせ、ギリシァ方がおびただしい数の犠牲者を出しながら、浜に並べてある乗って来た船のところまで、追いつめられるようになさってくださるようにと。そうすればあのアガメムノンも、無双の勇士の私を軽んじたことが、どれほどひどい間違いであったかを、腹の底から思い知るでしょうから」。

テティスが、不死にしそこなったことが不憫でならず、かわいくてたまらない息子の頼みを、承知したことは言うまでもありません。ただこのときゼウスは、世界の果てに住むエティオピア人たちのところに、彼らと宴会を楽しむために、他の神々を連れて出かけて行っていたので、テティスはそのことをアキレウスに説明し、ゼウスがオリュンポスに戻って来たらすぐにそこに行って、愛息子の頼みを果たすと約束しました。そしてそれから十二日目にテティスは、オリュンポスへ昇って行き、ゼウスが他の神々から離れ、一人で世界を見下ろしているところに近寄ると、左手でその膝に取りすがり、右手ではゼウスのあごの下の鬚に触れながら、かつて自分に熱心に求愛したこともある神々の王に、息子に頼まれた通りのことを、願ってやりました。そうするとゼウスも、この願いを聞き入れ、承諾したしるしに、長い髪をなびかせながら、オリュンポス山が重みで動いたほど深く頭を下げて、厳かにうなずいてみせたのです。

このときから、アキレウスの名誉のために、ギリシア軍をいったんさんざんに敗北させ、それをきっかけとして膠着していた戦局を、両軍の立役者のヘクトルとアキレウスの戦死を経てトロヤの陥落へと動かすという、ゼウスのたくらみが成就されて行くことになったのです。

ゼウスの計らいによるトロヤ軍の猛攻

そのためにゼウスは、逆夢をアガメムノンに送って、その日のうちにトロヤを落とせると信じこませて、ギリシア方の全軍に総攻撃をかけさせました。そしてその一方で、お使い役をする虹の女神のイリスをトロヤに派遣してヘクトルに、トロヤ側も出撃して、攻めてくるギリシア軍を迎え討つようにという、お告げを伝えさせました。

このようにして始まった両軍の総力戦の初日の戦闘では、ギリシア軍の方が善戦し、とりわけ大勇士の英雄ディオメデスが、アテナに力と勇気を吹きこまれて、トロヤ方に味方して戦っているアフロディテと戦いの神アレスの二神まで、次々に負傷させて天上に逃げ帰らせてしまうという、超人的な猛勇を振って、トロヤ人たちを震え上がらせました。ヘクトルはそれで、弟の一人で予言の力を持つヘレノスに勧められて、いったんトロヤの城内に戻り、王宮に行って母のヘカベに会いました。そして守護神として祭られているアテナに、とびきり豪華で美しい衣裳を供え、牛を犠牲に捧げると約束して、人間の力ではどうにも止めようのないディオメデスの攻撃から、町を守ってくれるように、この女神に祈願してほしいと依頼したのです。ヘカベはすぐに、老女たちを従えて神殿に行き、アテナに衣裳を供え、牛の犠牲を約束して女神に、「どうかディオメデスの槍をへし折って、この強敵をトロヤの城門の前で戦死させてください」と言って、懸命に祈願しました。だがアテナは前にお話したようにヘラとともに神々の中でももっとも熱心なギリシァ方の味方なので、ヘカベのこんな祈りがこの女神に聞きとどけられるのは、ありえないことだったのです。

戦場にとって返す前にヘクトルは大急ぎで、自分の家に立ち寄りました。このときに彼は、もう二度と生きて町に帰ってはこられないかもしれないと、悲壮な覚悟を固めていました。それでその前にもう一度、最愛の妻のアンドロマケと、一人息子でまだ赤んぼうだったアステュアナクスと会って、別れをつげておきたいと思ったのです。だが家に来てみると、妻も子もいませんでした。戦いの様子が心配で、城壁の上に見に行っていたからです。それでヘクトルはいったんは妻子に会うのをあきらめて、戦場へ出ようとして城門に向かいました。だがそこで彼はアンドロマケが、アステュアナクスを抱いた腰元を連れて、城壁から降りて駆けよってくるのと出会ったのです。こうして夫婦はそこで、今生の別れとなる、深い愛情のこもった言葉を交わすことになります。

アンドロマケはまず、ひしと夫の手に取りすがってこういいました。「わたしとこのまだがんぜない赤んぼうのことを、あわれとお思いなら、どうかこのまま町にいらして、もう二度と城壁の外へ出て行かれないでください。父と兄弟たちをみなアキレウスに殺され、母には病気で死なれてしまったわたしには、あなたは夫であられるだけでなく、父でも兄弟でも母でもあられるのですから。わたしをみじめな寡婦にし、この子をかわいそうな父なし子にするようなことは、どうかなさらないでください」。

そうするとヘクトルは、アンドロマケのつやつやした長い髪をやさしく愛撫してやりながら、こう彼女に言い聞かせたのです。「お前の言う通りにするわけには、いかないのだよ。わたしは子どものときからいつも、トロヤ軍の先頭に立って、だれよりも勇敢に戦うのが自分の義務だと教えられてきた。だから町のために戦って死ぬのは、わたしの本望だ。だがそのあとにお前が奴隷にされギリシアに連れて行かれて、ひどい屈辱を受けるかもしれぬと思うと、わたしの胸は張り裂けそうになるのだが」。

それから彼は、愛し子に手をさしのべて抱こうとしましたが、子どもは父が見なれぬ兜をかぶっているので恐れ、抱かれていた腰元に泣いてしがみつきました。そのかわいらしい様子を見て、彼とアンドロマケは顔を見合わせ、悲しさを忘れて思わず笑いだしてしまいました。それから彼は兜をぬいで、赤んぼうに接吻しました。そして両手で抱き上げてやりながら、こう言って神々に祈ったのです。「どうかこの子が、みんなから父にも勝る勇士だと言われて、母の心を喜ばせますように、そしてトロヤの立派な王になりますように」。

だがこの祈りが、神々に聞き入れられることはありませんでした。なぜならアステュアナクスにはこのときもう、トロヤの落城後にオデュッセウスによって、城壁から投げ落とされて虐殺される運命が決まっていたからです。ともかくこう祈ったあとヘクトルは、妻の手に赤んぼうを渡し、もう一度彼女をやさしく撫でてやりながら別れを告げて、勇ましくまた戦場へ向かって行ったのです。

このようにして戦線に復帰したヘクトルがそれから、獅子奮迅の力戦をして、トロヤ方が優勢を取り戻したところで、初日の戦闘は終わりました。そのあと両軍は、それぞれの側のおびただしい数の戦死者たちを火葬にするために、次の日は戦闘を休止することを約束しあいました。そしてそのあいだにギリシア軍は、戦死者たちの火葬を終え、彼らのために塚を築いたあとで、自分たちが乗ってきた船を並べておいてある船陣の前面に、大急ぎで堅固な防壁と、戦車が出入りできる門のついた高い櫓を作り、その外側に幅の広い深い壕を掘って、その壕の中に、鋭い杭をたくさん打ちこみました。こんな設備はアキレウスが戦っていたあいだは、ギリシア軍にとってまったく必要のないものでした。だが彼が戦闘に加わらなくなった今では、ヘクトルとトロヤ軍の攻撃から、船と自分達を守るために、ぜひとも不可欠だと考えられたのです。

次の日の夜明けにゼウスは神々を集め、これから始まる両軍の戦いに、どちらの側にもけっして加勢してはならぬと、厳しく申し渡しました。そうしておいて彼はトロヤの東に聳えるイダ山に降り、そこからトロヤの町とギリシア軍の船陣と、両軍が激しく戦い合う戦場が一望のもとに見下ろせる、ガルガロンという高峰の頂上に座を占めました。そしてそこで正午に、黄金の秤を手に持ち、その二つの皿の一方にギリシア方の運命を載せ、もう一方の皿にはトロヤ方の運命を載せ、秤の中央をつかんで持ち上げました。そうするとギリシア方の運命を載せた側が大地に向かってぐんと下がり、トロヤ方の運命を載せた側は、天に向けて勢いよく上がって、それによってそれからの戦いでトロヤ方が勝つことがはっきり示されました。それを見たゼウスは、稲妻をギリシア方に向けて放ち、雷鳴を激しく轟かせたので、それまでトロヤ勢に対して、何とか白熱した互角の戦いをしていたギリシァ方は、恐怖に取りつかれて蒼白になり、踏み止まっていられなくなり、いっせいに算を乱して敗走を始めたのです。

勝ち誇ったヘクトルとトロヤ軍はたちまち敵を、船の前に作られた防壁と壕の近くまで追いつめました。そしてヘクトルはこう大音声で呼ばわって、味方を励ましギリシァ方を震え上がらせたのです。「こんな防壁をこしらえ、壕を掘るのに、ギリシァ人たちはまったく、とんだむだ骨折りをしたものだ。われわれの攻撃の前には、何の役にも立ちはしないのだから。今すぐに彼らに、そのことを分からせてやる。船の側に着いたら、さっそく火を用意しろ。船を焼き払って、国へ逃げて帰ることもできなくした上で、煙に巻かれているところを、みな殺しにしてやるのだから」。

このトロヤ軍の勢いを見て、いても立ってもいられなくなったヘラとアテナは、大急ぎで武装していっしょの馬車に乗り、天の門を出てギリシァ軍を助けに降りて行こうとしました。そうするとイダの山頂からそれを見たゼウスは、激しく立腹してすぐに虹の女神のイリスを、二柱の女神たちのところに送って、こう言わせました。「ゼウスさまはお二方に、それはひどいお腹立ちで、すぐさまオリュンポスへ引き返せと、お命じになっておいでです。そうされないなら、馬車に雷を投げつけ、馬も車もめちゃめちゃにした上に、お二人を転落させ、十年たってもなおらぬほど、ひどい傷を負わせるとのことです」。

これを聞いて二柱の女神はこわくなって、すごすごと天へ帰って行きました。だがそのあいだに、ギリシァ方にとっては本当に危機一髪のところで夜になり、戦闘が中止されたのです。ヘクトルはトロヤ人たちに、一晩じゅう火をさかんに燃やし続け、ギリシァ軍が夜のあいだに船に乗って逃げて行かぬように、よく見張りをせよと命令しました。彼は明日こそ、船を焼いて敵を全滅させられると確信していたのです。

ヘラの策略

一方ギリシァ方の総大将のアガメムノンはすっかり意気消沈して、アキレウスのもとに、彼と特に親しかったオデュッセウスと、ギリシァ軍の中でアキレウスに次ぐ猛勇の持ち主だった英雄のアイアスらを、使者として送りました。そして自分が彼を侮辱したことがとんでもない過ちだったことを認め、その過ちを償うために、今すぐにこの上は考えられぬほど莫大な贈り物をして、まだけっして手を触れていないブリセイスを返す。そしてトロヤを落城させたあかつきには、戦利品の中から彼に、乗ってきた船に積めるだけの財宝を持ち帰らせ、また捕虜にした女たちの中から二十人の美女を、自分で選ばせる。さらに帰国したら自分の娘の一人を彼の妻として選ばせ、その嫁入りにつけて、七つの豊かな町を彼に領地として与えるので、どうか怒りを和らげて、戦闘にまた加わってもらいたいと、アキレウスに申し入れさせたのです。

オデュッセウスとアイアスらがやって来ると、アキレウスは大喜びで歓迎し、陣屋に迎え入れて、肉とお酒を彼らにごちそうしました。だがそのあとでオデュッセウスが熱弁を振るって、今ギリシア軍が陥っている窮状を説明し、アガメムノンからの申し出を紹介し、どうかこの償いを受けてアガメムノンと和解し、ヘクトルを討ち取って自分たちを助けてもらいたいと懇願すると、こうきっぱりと答えたのです。「なんと言われても、アガメムノンと仲直りすることはできない。ヘクトルとも、もう二度と戦うつもりはないので、明日にも船を海に下ろして、故国のプティアに向けて出航するつもりだ。母のテティスから、自分はこう教えられている。もしトロヤで戦えば、不滅の栄誉を得られるが、生きて故国には帰れない。またもしいま故国にかえれば、名誉は得られぬが、長生きをして幸福な暮らしができると。前には私は、不滅の栄誉の方を選ぶ覚悟で、決死の戦いをしてきた。だがもう他人に労苦させて、利益は一人占めにする、あんな犬のように貪欲な男のもとで、むだな骨折りばかりすることには、ほとほと嫌気がさした。だからいまでは、一つしかない命の方をたいせつにして、幸福な長生きをしようと、決めているのだ」。

そしてそのあとはもう、オデュッセウスとアイアスが何と言って説得しても、ただこう答えるだけだったのです。「自分はアガメムノンから受けた侮辱を思い出すと、今でも腸が煮え返るので、けっして彼と仲直りはできない。二度と彼のもとで戦う気はないので、帰ってそうあの男に伝えてもらいたい」。それでオデュッセウスらも、説得をあきらめてアガメムノンの陣屋に帰り、そこで待っていたギリシア方の大将たちに、この結果をその通りに報告するより、しかたがなかったのです。

翌日の戦いが始まると、ギリシア方ではまずアガメムノン自身が渾身の武勇を発揮して、大勢の敵を討ち取り、トロヤ方の攻撃を必死で食い止めました。だがそのうちに敵に槍で腕を刺され、なおしばらく奮戦を続けたのですが、ついに痛みに耐えられなくなって、手当てを受けるために、陣屋に引き返して行ってしまいました。そうなるともうヘクトルの武勇の前に、ギリシァ軍は総くずれになり、踏み止まって防戦しようとしたオデュッセウスとディオメデスも、まずディオメデスがパリスの放った矢で足を射られて退却し、オデュッセウスも敵の槍で負傷し、取り囲まれて危ないところを、メネラオスとアイアスに助けられて、戦線から退きました。それでヘクトルとトロヤ軍はたちまち、壕と防壁の前まで押し寄せ、そこでしばらく激しい攻防戦が続きましたが、やがてヘクトルが渾身の力で大石を投げつけて、防壁の門の一つの扉の板を粉砕しました。そしてそのあとトロヤ軍は、防壁を方々で突破して攻め込み、船の並べてあるすぐ側までギリシァ軍を追いつめたのです。だがこのとき、まさに絶体絶命と思われたギリシァ軍を、助けに来た神がありました。それは海の王のポセイドンです。ゼウスが戦場からちょっと目を離したすきに、この神はこっそりギリシァ方の一人の姿に変身をして、アイアスをはじめまだ無傷で戦っている大将たちに次々と歩み寄って、激励してまわったのです。そのおかげでギリシァ方も、やっと勢いをもり返えし、船のすぐそばでしばらく激戦が続きました。

このポセイドンの働きを天から見て、ほっと胸をなでおろして喜んだのはヘラでした。「ポセイドンは本当に、うまくゼウスの目を盗んで、ギリシァ軍を破滅から救ってくれている。だがこのままでは、まだまだ危ない。何か自分にも、あの頼もしい神の手助けはできないだろうか」。こうやきもきしながら思案しているうちに、ヘラは良いことを思いつきました。

「そうだ。あのイダ山の頂上で目を光らせているゼウスのところに、できるだけ魅力的に化粧と装いを凝らして、降りて行ってやりましょう。そうすればゼウスは、このヘラの蠱惑に好色心をそそられて、抱いて寝ようとするでしょう。思い通りにさせてやって、陶然となったところで、眠りのとりこにしてしまえば、ポセイドンはそのままにもっとおおっぴらにギリシァ方を助けて、ヘクトルとトロヤ軍を手痛い目にあわせ、船から遠くへ追い払ってくれるでしょう」。

こう心に決めるとヘラは、すぐに自分の宮殿の奥の間に入って扉を閉め、裸になって体を洗い清め、肌と髪によい匂いのする香油をたっぷり塗りこめました。それから髪を編んで長くたらし、美しい衣裳を着て、たくさんの総の飾りのついた帯をしめ、耳たぶにはまぶしく光る宝石のついた耳飾りをつけました。そして着付けをすませると、アフロディテのところに行って、こう言ったのです。「わたしとあなたは今はあなたはトロヤ方に、わたしはギリシァ方に味方して、仲たがいをしているようになっていますが、本来は女神として協力し合わねばならぬ間柄です。そのことを思いだして、一つだけわたしの頼みを聞いてもらえないでしょうか」。

そうするとアフロディテは、とつぜん何事だろうかといぶかりながら、こう答えました。「神々の女王のお頼みであれば、おことわりできません。わたしにできることなら、どんなことでもいたしますが、いったいなんでしょうか」。ヘラはそれで、アフロディテが愛の女神として持っている、神でも人間でもたちまち恋のとりこにしてしまう魅力を、自分にちょっとのあいだだけ貸してもらいたいと頼んだのです。そうするとアフロディテは、自分の乳房の下に締めている革の帯をほどき、

「これをあなたの胸にお入れになれば、その中に必要なものはすべて封じ込めてありますから、だれでもすぐ恋いのとりこにできます」と言って、それをヘラに渡しました。

それでその革帯を胸の中にしまってから、ヘラは次に、眠りの神のヒュプノスのところに行きました。そして褒美を約束してこの神に、ゼウスが自分を抱いて横になったらすぐにぐっすり眠らせて、そのことをポセイドンに、知らせてくれるように頼んだのです。それからヘラは、ヒュプノスといっしょに、イダ山に降りて行きました。そしてヒュプノスはそこでゼウスに見つからぬように、鳥に姿を変えて木の中に隠れ、ヘラだけが頂上にいるゼウスの側に、なまめかしく体をくねらせ、しなを作りながら近寄っていったのです。

そのあでやかな姿を見て、ゼウスの心にはたちまち激しい欲情が燃え上がり、おさえることができなくなりました。それでゼウスは夢中になってヘラを、こう言ってかきくどいたのです。「これまでずいぶんいろいろな女神たちや人間の女に恋をして、子を産ませてきたが、今のお前を恋しいとおもうほど、激しい恋心はまだ一度も味わったことがない。他のことはすべてあとまわしにして、今すぐここで抱き合って寝て楽しもう」。

それに対してヘラは、内心では「しめた」と思ってほくそえ笑みながら、こう微笑して答えたのです。「まあ、神々の王ともあろうお方が、何というはしたないことをおっしゃるのですか。太陽の神のヘリオスの目が光っている上に、他の神にだって見られてしまいかねぬこんな場所で、そんな恥ずかしいことが、どうしてできるでしょうか。どうしてもそうなさりたいのなら、オリュンポスの王宮に帰りましょう。そして寝室に入って扉を閉めた上で、どうかお気のすむだけ、わたしをどのようにでもかわいがってください」。

そうするとゼウスは、じらされて欲情をいっそう猛烈につのらせて、こう言ったのです。「ヘリオスにも、他のだれにもけっして見られぬように、今すぐわれわれのまわりをすっかり、金色の雲で包むから安心しなさい」。こう言うとゼウスは、返事を待たずにヘラを抱き寄せました。それと同時に両神の足もとの地面には、すきまなく柔らかい若草が生え出て、その上に美しい花が咲き、まわりはすっぽりとまぶしい金色の雲で包まれました。ゼウスはヘラといっしょに、この草花のしとねの上に横になりました。そして夢中で抱擁の悦楽にふけっているところに、ヒュプノスがやって来て、何も気がつかぬゼウスを、心地よい眠りに引き入れてしまったのです。それからヒュプノスは、ギリシァ軍を激励しているポセイドンのところに行って、こう言いました。「あなたをお助けしようとして、今ヘラ様が、ご自分をゼウス様に抱かせておいでになります。そのあいだに私めが、ゼウス様を、深い眠りで包んできました。ですからこのあいだにどうか、ご自由にギリシァ方にご加勢をなさってください」。

これを聞いて喜んだポセイドンは、それまでのようにこそことではなく、大音声を張りあげて、ギリシァ軍を激励した上に、自分が先頭に立ってトロヤ軍と戦いはじめました。ヘクトルはそれでもひるまずに戦おうとしたのですが、アイアスに大石を投げつけられ、重傷を負って倒れてしまったのです。トロヤ軍はやっとの思いで彼を助け出して、後方へ運んで行くことができましたが、そのあと船の側から追い払われ、さっき突破した防壁と壕を越えて、総くずれになって逃げ出しました。だがそのとき、イダ山の頂上でゼウスが目を覚ましたのです。そして起き上がって戦場を眺め、さっきまでとは打って変わったこの様子を見て、すぐにヘラの企みに気付き、后の女神を厳しく叱りつけました。そしてイリスをすぐにポセイドンのところに派遣して、いい気持ちでトロヤ軍を追い散らしているこの神に、こう命令を伝えさせたのです。

「ゼウス様があなたに、今すぐ戦いから手を引いて、海の底かオリュンポスに戻っておいでになるようにと、命令されておいでになります。このお言いつけに従われないなら、ご兄弟でも容赦はせずに、ひどい罰をくわえるとおっしゃておいでです」。これを聞くとポセイドンは、兄弟なのにいつも頭ごなしに命令をして、言うことを聞かせようとするゼウスのやり方に、ぶつぶつと不平を言いながら罰を恐れて、海底へ帰って行きました。

それからゼウスは、トロヤ方に味方している神たちの中でも、もっとも有力なアポロンに、戦場に降りて行ってトロヤ軍を助けてやるように命令しました。前からそうしたがっていたアポロンが、喜んでこの命令に従ったことは言うまでもありません。アポロンはすぐにまずヘクトルの側に行き、傷をすっかり治してやって、彼の勇気をふるい立たせました。そしてそれからヘクトルと並んでトロヤ軍の先頭に立ち、敵をはったと睨みつけ、大音声で叫びながらギリシア方に攻めかかると、ギリシア軍はたちまち神の眼力と叫びに呪縛され、戦意がすっかり消し飛んでしまっていっせいに逃げ出し、壕と防壁の中に逃げこみました。そしてヘクトルとトロヤ軍がそのあとを追って行くと、アポロンが彼らのために、壕を埋め防壁を押し倒してくれたので、難なくそこを突破して、たちまち船のすぐ側までギリシア軍を追いつめ、そこでまた大激戦になったのです。

こうなってはアポロンの加護を受けて戦う、ヘクトルの鬼神のような勢いは、もうだれにも止めようがありませんでした。彼はついにギリシア軍をけちらしながら、一隻の船に近づき、船尾をしっかりとつかんで、こう大声で叫んだのです。「火を持ってこい。そして勝利のときの声をあげるのだ。今こそゼウスが、われわれに勝利を与えられた。船を焼き、ギリシア軍から帰国の手段を奪った上で、彼らをこの浜で、みな殺しにしてやろう」。トロヤの兵士たちはそれで、この呼びかけに答えて、ときの声をあげながら、燃えている松明を手に手に持って、船の方にどっと怒涛のように押し寄せました。

パトロクロスの死とアキレウスの復讐

このあいだにアキレウスの陣屋では、彼と実の兄弟にもないほど仲が良かった無二の親友で、部将としてプティアからアキレウスに付き添ってきていたパトロクロスという英雄が、大粒の涙をはらはらと流して泣きながら、ギリシア軍が陥っている窮状をアキレウスに、懸命に訴えていました。そしてもし彼が、こうなってもアガメムノンに対する怒りが解けず、どうしても出陣して彼らを助けてやることができないのなら、どうか自分がアキレウスの武具を身につけ、ミュルミドンと呼ばれる彼の精鋭の手勢を率いて、彼に代わって参戦することを許してもらいたい。そうすれば敵は、自分をアキレウスだと思って船の側から逃げて行き、味方が今の窮地から脱することができるだろうからと言って、アキレウスに懇願したのです。そうするとアキレウスも、親友の懸命の頼みをことわりきれなくなって、こう言ってパトロクロスの申し出を承知したのです。「君がそれほど頼むのなら、私の武具を身につけ、ミュルミドンたちを率いて出陣するがよい。そして船の側から、敵を追い払ってやれ。たしかにギリシア軍が敵に船を焼かれて、国に帰る手段まで失ってしまっては、君が言う通り気の毒だから」。

だがそのあとに彼はこうつけ加えて、敵を追い払ったらそのあと逃げて行くのをけっして深追いはせずに、戦いを止めてすぐに戻ってくるように、よくよく言い聞かせたのです。「だがこのことだけはよく肝に銘じて、必ず固く守ってもらいたい。それは船の側から敵を追い払ったら、あとの戦いは他の者たちにまかせて、すぐに引き返してくることだ。私から離れた場所で、危険な戦いを続けてはならない。まして逃げる敵を追って、町まで攻めて行くようなことは、まちがってもけっしてしてはならない。敵には不死の神さま方が、いくたりも味方についていられる。とりわけあのアポロンが、町を守ろうとして、君に手出しをされるようなことがあれば、それこそ取り返しのつかぬことが起こるだろう。だから船が敵の火で焼かれるのを救ったら、すぐに戦いを止め、ここに引きあげてくるのだ」。

そうすると彼がこう言っているあいだに、ギリシア方の船の一隻がトロヤ勢の放った火で燃え、まっ赤な火炎が上がるのが、アキレウスの陣屋からもはっきりと見えました。アキレウスはそれで、パトロクロスにこう言いました。「もう一刻のゆうよもできない。船を焼く火が、ここからも見える。急いで武具を着て、出陣しなさい」。そしてパトロクロスが武具を着け終わるとアキレウスは、そのあいだに呼び集めた、ミュルミドンの軍勢を、彼のあとに従わせ。ゼウスに親友の武運と無事な帰還を祈って、彼を戦いに送り出したのです。アキレウスの武具を着けたパトロクロスを先頭にして、この精鋭たちがどっと攻めかかると、トロヤ軍はアキレウスが出てきたと思いこみ、たちまち震え上がって船の側から退却しました。ギリシア軍はそれでそのすきに、船についた火を消し止めることができました。ヘクトルとトロヤ軍は、防壁と壕を越えて町に向って逃げて行き、大勢の者が壕を越えられず、船とのあいだにはさまれ逃げ場を失って、ギリシア軍に殺されました。

だがこの手柄をあげたあとパトロクロスは、勝ち誇り戦いに夢中になって、アキレウスが彼にあれほどくれぐれも注意したことを、すっかり忘れてしまったのです。そして逃げる敵を町のすぐ手前まで追って行き、勢いに乗って、アキレウスにも破れなかったトロヤの城壁によじ登ろうとしました。その彼をアポロンが、三度楯を手で突いて押し返した上に、まだひるまずに登って行こうとすると、こう恐ろしい声で叱りつけたのです。「退れ。お前ごとき者が、この城壁を破る運命にはなっていないぞ。身のほどをわきまえろ」。

これに震え上がって、パトロクロスが引き下がると、アポロンはヘクトルを励まして、彼との戦いに向かわせました。そしてそれでもなおひるまずに奮戦しているパトロクロスの背後から、肩と背中を平手で打ちすえて、目をまわしたパトロクロスの頭から兜を払い落とし、彼の体から鎧まではぎ取ってしまったのです。パトロクロスはそれで自分に何が起こったのか分からずに、ぼうぜんとしているところに、敵の一人が投げた槍で背中を傷つけられました。そしてその痛みに耐えかねて引き下がろうとすると、そこにヘクトルが攻めかかってきて、下腹部に槍をぐさりと突き刺して、ついに彼を落命させたのです。それでアポロンがすでに彼から剥ぎ取っていたアキレウスの武具は、ヘクトルのものになりました。

この悲報が、このあとギリシア軍がまたトロヤ勢に追われて退却してくる様子を見て、陣屋の外に出て、パトロクロスがどうなったのか心配しながらやきもきしていたアキレウスに知らされると、アキレウスはいきなりかまどの灰を両手につかんで、自分の頭から浴びせかけ、体も衣服も灰まみれにして地面に倒れ、髪の毛をかきむしりながら、悲痛な大声をあげて泣き叫びました。その激しい叫喚の声は、海底にいるテティスの耳にも、はっきりととどきました。テティスはそれですぐに、姉妹の大勢の水の女神たちといっしょに、海から出てアキレウスの側に来ました。そして自分も泣きながら、愛息子の頭を胸に抱きかかえて、彼にこう言ったのです。「何を悲しんで、お前はそんなかわいそうな様子で泣いているの。この前にお前に頼まれたギリシア軍をさんざん負けさせることは、ゼウス様にお願いして、その通りになるようにしていたただいてあげたのに」。

アキレウスはそこで泣きながら、パトロクロスがヘクトルに討たれてしまったことを、母の女神に訴えました。そして最後に、こう言ったのです。「無二の親友を、側に付き添ってもやらずに死なせてしまったいま、私の念頭にはただ一つの思いしかありません。それは憎いヘクトルを、この手で殺してやること。そしてその死体を、野犬どもの餌食にしてやることです。そのことさえ果たせば、私はもう、いつ死んでも悔いはありません」。

そうするとテティスは、ふびんでたまらずに、アキレウスの頭をいっそう強く自分の乳房の当たりに押し当てて、彼の髪を撫でてやりながらこう言ったのです。「かわいそうに、そのことをすればお前は本当に、いま自分で言った通りになってしまうのですよ。ヘクトルを殺せば、そのあとすぐに自分も死ぬことに、お前の運命は決まっているのだから」。アキレウスはそれに答えて、こう言いました。「ヘクトルにいま言った通りにして、復讐ができれば、そのあとにはもうすぐに死んでも本望です。だからどうか、彼を討つために私がいますぐ戦いに出るのを止めないでください」。

するとテティスは、こう言いました。「それほど言うのなら、そうなるのがお前の運命なのでしょうから、好きなようにしなさい。だが戦いに出るには、武具が必要ですが、お前の武具はトロヤ方に分捕られてしまい、それを今ヘクトルが、愚かにも得意がって着ています。だから戦いに出るのは、明日の朝までお待ちなさい。これから私が天上へ行き、技術の神のヘパイストス様に頼んで、お前に恥ずかしくないような、すばらしい武具を作ってもらいます。そして明日の夜明けには、それをお前に持って来て上げますから」。こういうとテティスは、姉妹の女神たちを海中の父神のもとに帰って行かせ、自分はまっすぐに、オリュンポスにあるヘパイストスの仕事場に昇って行きました。

やがて夜が来て、この日の戦いが終わると、ギリシア軍はその夜は全員が、パトロクロスの死を悲しんで泣き続けました。だれよりも悲痛なうめき声をあげて泣いたのが、アキレウスだったことは言うまでもありません。彼は泣きながら、ギリシア軍が大変な苦労をして、戦場からやっと持ち帰った親友の遺体を、熱いお湯でていねいに洗い清め、全身にかぐわしい香油を塗ってやりました。そしてその遺体を、上等の衣ですっぽりと包んで棺の中に寝かせてやり、その胸の上に手を置いて泣きながらこう誓ったのです。「友よ、君の葬式をあげる前に、憎いヘクトルを殺し、死骸をさんざん痛めつけて、ここに持ってきてやる。そのうえに葬いのときにはさらに、十二人のトロヤの若者たちを、火葬の火の前で首を斬って殺してやる。そして君と同じ火で焼いて、冥土に行く君の旅の道連れにしてやろう。それまで君のまわりでは、女たちが夜も昼も君のために涙を流し、泣き声をあげ続けるだろう。捕虜にされてわれわれのものになった者たちだが、心から君を慕って、君の死を嘆き悲しんでいるのだから」。

一方トロヤ軍の大将たちの集まりでは、知恵者として評判の高かったポリュダマスという人が立ち上がって、こう意見を述べていました。「このまま平原で野営するのは止め、すぐに町に帰って、全軍がまた城壁の内にたてこもって、戦いを続けましょう。夜が明ければ、必ずあのアキレウスが戦いに出て来るでしょうが、彼とまともに戦っては、とても勝ち目はありません。だが城壁の中に入ってしまえば、あの男にもそれを突破して町に攻め込んで来ることはできないでしょうから」。だがヘクトルはそれに対してこう言って、この賢いと思われた提案に従うことを、きっぱりと拒絶したのです。「せっかく敵をまた、船の近くまで追いつめておきながら、町に帰るなどとんでもないことだ。ここに残って、明日こそは敵の船を焼いてやろう。アキレウスが戦いに出て来ても、恐れることはない。もしそうなれば、私はけっして逃げずに彼に立ち向かって戦い、あの男が勝つか、それとも私の方が彼を討ち取れるか、武運をためしてみるつもりでいるのだから」。

翌日の夜明けに、テティスがヘパイストスに作ってもらった新しい武具を持って来てくれると、アキレウスはそれで戦いに出る準備が整ったことを喜んで、ギリシア方の大将たちを呼び集めて、みんなの前でアガメムノンと仲直りをすると宣言しました。喜んだアガメムノンは、「自分はあのときにはきっと、ゼウスによって正気を奪われ、分別をなくしていたので、そうでなければアキレウスに、あんな無礼な仕打ちはしなかっただろう」と言って、心からわびの言葉を述べ、前日にオデュッセウスとアイアスらを使者にしてアキレウスに贈ると約束した、財宝と馬と女たちをすぐに陣屋から運んで来させました。そしてみんなの前で、ブリセイスの肌にけっして触れていないことを、厳かに誓って、彼女を他の贈り物といっしょに、アキレウスに引き渡したのです。やがて出陣の時が来て、ヘパイストスの作った武具を着て、ミュルミドンたちの先頭に立ったアキレウスのまぶしさは、まるで空を行くま昼の太陽のようで、ミュルミドンの将兵たちも、まともには見られずに目を伏せたほど燦然と光り輝いていました。

こうして神に見紛う姿になって参戦したアキレウスは、それからまさに復讐の鬼と化し、以前とは打って変わった無慈悲さで、命乞いも受けつけず、大地が血の海と化し、川も死体で埋まりせき止められて海に流れて行けなくなるほど、狂ったように敵を殺しまくりました。殺戮を免れた者たちは、算を乱してわれ先に町に逃げ帰って行き、それを見てプリアモス王は、城門をあけたままにさせて、彼らを城壁の中に収容しました。そのあいだアポロンが、トロヤ方の大将の一人の姿になってアキレウスに自分のあとを追い駆けさせて、トロヤ軍が命からがら町に逃げこむのを、助けてやっていたのです。

だがこのとき、他のみんなが町に入っても、自分だけはそうせずに城門の前に踏み止まった勇士がいました。ヘクトルでした。やがてそこにアポロンにだまされていた事に気がついたアキレウスが、向きを変え、憤怒に燃えて猛然と突進してくる姿が見えてきました。これを見たプリアモス王は城門の上から、「どうか城壁の中に入ってくれ」と言って、白髪を手で引きむしりながら、ヘクトルに哀願しました。その横では王妃のヘカベが、衣の前を開き、むき出した乳房を手で持ち上げて見せ、涙をいっぱい流しながら、こうヘクトルに叫びかけました。「この乳房から乳を吸ったことを思い出して、どうか母の私の言うことを聞いておくれ。アキレウスはお前を殺して、死体を犬に食わせると言っている。もしそんなことになれば私は、愛しい息子に死なれた上に葬いもしてやれぬという、身を引き裂かれるよりももっと辛い目にあうことになるのだから」。

だがヘクトルは、それでも城門の中に入ろうとはしませんでした。アキレウスと戦っても、自分にはほとんど勝ち目がないことは、彼にもよく分かっていました。だがこのとき彼は、こう悲壮な決意を固めていたのです。「前夜の集まりで私は、町に引き上げようと主張したポリュダマスの意見に、断固として反対して、アキレウスが戦いに出てきても恐れずに、彼と一騎打ちをしてみせると、みんなの前で豪語した。だから命より大切な名誉を守るためには、あの言葉の通りにするよりほかないのだ」。だがそこにヘパイストスの作った武具で身を固めたアキレウスが、燃える火か太陽のようなまぶしい輝きを全身から放ちながら、突進してきました。そのまるで鬼神のような恐ろしい姿を間近に見ると、ヘクトルはたちまちどうにもならぬ恐怖に取りつかれ、城壁の周囲をまわりながら、必死で逃げ出しました。アキレウスはそれを見て、猛然とあとを追い駆けました。二人の大勇士はこうして、追いつ追われつしながら、城壁のまわりを三周しました。

この命がけの追い駆けっこが四周目に入ったときに、それを見ていたゼウスがまた、黄金の秤を取り出しました。そして一方の皿にアキレウスの運命を、他方の皿にヘクトルの運命を載せ、まん中をつかんで高く持ち上げたのです。そうするとヘクトルの運命を置いた側が、冥府に向かってぐんと下降して、彼がもはや死の運命を逃れられぬことが、はっきりと示されました。それでこのときまでヘクトルに付きそって、アキレウスに追いつかれて殺されぬように守ってやっていたアポロンが、あきらめて彼の側から離れて行きました。そしてアキレウスの側にはアテナがやって来て、こう言って彼を立ち止まらせました。「止まって、一息つきなさい。ヘクトルを私が今から、お前との一騎打ちに向かって来るようにさせるから」。それから女神は、ヘクトルの弟たちの中でも、長兄に次いでもっとも勇猛だったデイポボスの姿になって、ヘクトルに近寄ってこう言ったのです。「兄さん、私が側にいて槍をお渡しする役をしますから、どうか恐れずに、アキレウスと勝負をしてください」。

ヘクトルの死

この加勢に励まされてヘクトルは、勇気をふるい起こして、アキレウスに向かって来ました。それに対してアキレウスがまず、槍を投げつけましたが、ヘクトルがうまく身をかわしたので、槍は彼の後方の地面に刺さりました。だがアテナがすぐにそれを抜き取って、アキレウスに返してやりました。次にヘクトルが槍を投げると、それはアキレウスの楯に当たってはじき返されました。それでヘクトルがくやしがって、代わりの槍をディポボスからもらおうとすると、さっきまで側にいたはずの弟の姿が、どこにも見えなくなっていました。アテナにだまされたことに気づいたヘクトルはそこで、自分の運命がついにつきたことを知りましたが、それでもせめて立派な死に方をしようと、剣を抜いてアキレウスに斬りかかって行きました。アキレウスはその喉もとのところに槍を突き通して、彼に致命傷を負わせたのです。死ぬ前に、まだ虫の息でかすかにものを言うことができたヘクトルは、最後にアキレウスに、こう嘆願しました。「お願いだ。私の死体を、犬の餌食にだけはしないでくれ。父と母が財宝を惜しまずに支払うだろうから、どうかそれを受け取って、死体をトロヤに返し、葬いを受けられるようにしてくれ」。だがアキレウスはそれに対して、死んで行く仇敵を憎々しげに睨みつけて、こう言い返したのです。

お前の両親がいくら山のように財宝を積んでも、そんなものはけっして受け取らない。お前に殺されたパトロクロスのためには、これから後世まで語り草となるような、立派な葬式をする。だがお前にはけっして葬いなど受けさせず、死体は犬や鳥どもの餌食にしてやるのだ。

ヘクトルが死ぬと、アキレウスはその死体からさっそく、自分のものだった武具をはぎ取りました。そのあと他のギリシァ軍の大将たちもそこに寄ってきて、それぞれが武器でヘクトルの死体を、憎しみをこめて刺したり切りつけたりしました。それからアキレウスは、このようにしてさんざんにいためつけて傷だらけにしたヘクトルの死体のくるぶしのあたりに穴をあけ、そこに皮のひもを通して、そのひもを自分の戦車の後部に結びつけました。そして戦車に乗りこむと、馬たちを全速力で駆けさせて、死体を泥まみれにしながら陣営まで引きずって帰って行ったのです。城壁の上からこれを見たトロヤの人々は、いっせいに悲痛なうめき声をあげて泣き叫びました。中でもプリアモスとヘカベの悲しみようは、本当に見るも無惨だったとしか、言いようがありませんでした。

さらにいっそう哀れをきわめたのは、アンドロマケでした。ヘクトルとアキレウスの決闘がされていたときに、アンドロマケは城壁の上にはいずに、家でせっせと機織りをしながら、腰元たちに、ヘクトルが帰ってきたらすぐに入浴させせられるように、大量のお湯をわかさせていました。そこへ城門の方からとつぜん、激しい泣き声が聞こえてきたので、アンドロマケはひどい不安に取りつかれて、顔面が蒼白になり、体中ががたがた震え出しました。そしてすぐに二人の腰元を連れて、大急ぎで城門のところに駆けつけ、上に登って、愛しい夫が見るもむざんな姿で、死体となってアキレウスの戦車に引かれて行くさまを見たのです。たちまち彼女は失神してその場に倒れ、まるで死んでしまったように見えました。みなが駆け寄って介抱すると、しばらくして息を吹き返しましたが、それから悲痛極まりない泣き声をあげて、最愛の夫を失った自分と、父なし児になったアステュアナクスの不幸を嘆き続け、どうにも慰めようがありませんでした。

一方アキレウスは陣営に帰り着くと、傷だらけの上に泥まみれになったヘクトルの死体を、パトロクロスの棺の側に転がしました。そして親友の遺体の胸の上に手を置いて、こう言ったのです。「喜んでくれ。ヘクトルの死体を、ここに持ち帰ったぞ。明日は約束した通りに、君の葬式をしてやる。そしてヘクトルの死体は、犬に食わせてやるのだ」。

翌日にはギリシア軍は、イダ山からたくさんの薪を取って来て、パトロクロスを火葬にしました。その準備が整ったところでアキレウスは、長く伸ばしていた自分の髪を切り、棺の中の友の遺体の手にそれを持たせてやって、こう言いました。「われわれが出征するときに父のペレウスは、故郷を流れるスペルケイオス河の神に約束した。私が無事に故国に帰れたら、この髪を切って、たくさんの牛や羊の犠牲といっしょに供えると。だがその河の神への約束は、けっして果たされることがなくなってしまった。私は故国には帰れずに、このトロヤの地で遠からず死なねばならないのだから。それだからもう用のなくなったこの髪は、君が一足先に冥府まで持って行ってくれ」。それからアキレウスは、何頭もの羊と牛を殺して、遺体といっしょに焼くために薪の山の上に置いた上に、四頭の馬とパトロクロスが飼っていた九匹の犬のうちの二匹も、主人と同じ火で焼くために殺しました。その上さらに、前の日の戦いのあいだにそのために生け捕りにしておいた、十二人のトロヤの若者も、パトロクロスに約束しておいた通りに殺して、いっしょに燃やしたのです。火葬の火は一晩中燃え続けて、夜明けにようやく燃えつきました。

それから人々は、火をすっかり消し止めてから、パトロクロスの骨を拾い集めて、テティスがそのために用意してくれた黄金の壷に入れ、そのあとで墓を築きました。その作業が終わるとアキレウスは、帰って行こうとするみんなを引き止め、陣屋からたくさんの見事な賞品を持ってこさせて、競技を開催しました。それでギリシア軍の大将たちは、その日は日暮れまで、戦車競争をはじめ、拳闘、競走、槍や弓の試合など、さまざまな競技で、たがいに夢中になって腕前を競い合いました。そしてどの競技でも勝った者たちはそれぞれ、アキレウスからすばらしい賞品を贈られて満足したのです。

だがこのようにしてパトロクロスのための盛大な葬式を終えても、アキレウスの深い悲しみと、ヘクトルに対する激しい怒りは、まだいっこうにおさまりませんでした。そのあとも毎日、彼は朝になるとヘクトルの死体を戦車の後ろに結びつけて、パトロクロスの墓のまわりを何度もぐるぐる引きずりまわしては、地面に転がしておくことを続けていました。だが不思議なことに、死体はこんなひどい取り扱いを受けてもいたまず、蛆もわかず、また犬にも食われませんでした。それは陣営に運ばれてきたあとで、アフロディテがよい匂いのする香油を塗って、死体につけられた傷を、すっかりきれいに治してやった上に、アポロンがそれをいつも害から守ってやっていたからでした。

アキレウスはなぜ理想の英雄なのか

『イリアス』の最後の巻である第二十四歌には、アキレウスがどうして、このようにして仇敵の遺体にまで飽くことなく加え続けていた、ひどい侮辱を止め、ヘクトルの死体がトロヤに返されて、そこで立派な葬儀を受けられることになったのかが、歌われています。そしてその事件の中で、それまでは見てきたように慈悲心をすっかり無くし、鬼のような憤怒の化身になりきっていたアキレウスが、どのようにして彼の本来のものだった情理に篤い人間性を取り戻して、英雄のまさに理想像だった、自分自身に立ち返ったかが描かれているのです。

ヘクトルが最後を遂げた日から数えて十二日目の朝に、アポロンが神々の集まりで口を開いて、「アキレウスのヘクトルの死体に対するあまりにも行き過ぎた暴行を、これ以上は続けさせておくべきでない」と主張しました。このときにはヘラとアテナとポセイドンを除く他の神々も、アキレウスがヘクトルの死体に、無惨な仕打ちをするのを止めさせねばならないと考えていたのです。それでヘラはすぐに腹を立てて、アポロンに反論しましたが、ゼウスはヘラをたしなめて彼女を黙らせました。そしてテティスをオリュンポスに呼び寄せて、こう彼女に言ったのです。「すぐにあなたの息子のところに行って、伝えてもらいたい。ヘクトルの死体に対する彼の度を過ごした振舞いが、神々の多くをひんしゅくさせており、私自身もそのことで立腹していると。そしてプリアモス王から代償に十分な贈りものを受け取って、死体は返してやるように、彼に言い聞かせてくれ」。

これを聞くとテティスは、すぐさまアキレウスのところに行き、ゼウスに言われたてきたことを、彼に伝えました。それでアキレウスも、ゼウスの意思に逆らうことができず、そうすると約束するよりしかたがなかったのです。

ゼウスはそれから、虹の女神のイリスをプリアモス王のもとに派遣しました。そして次のようなお告げを、彼に伝えさせたのです。「ゼウス様はあなたに、アキレウスの陣屋に行けと、ヘクトルの死体を返してもらうために、たくさんの贈りものを持って、自分でアキレウスの陣屋に行けと、お命じになっておいでです。お供はただ、贈りものを運ぶ車の御者をする家来一人しか、連れて行ってはなりません。でも恐れることはないのです。ゼウス様があなたのために、道案内をする神のヘルメス様を、遣わしてくださいます。そしてこの神があなたを、アキレウスのところまで、安全に導いてくださるからです」。

このお告げを聞くとプリアモス王は、すぐに荷車を準備させ、その上にたくさんの財宝を積ませました。そしてお后のヘカベが驚いて、懸命に止めようとするのを聞かずに、その車の御者をする家来一人だけを連れ、自分は一人だけで別の馬車に乗って、護衛もつれずにギリシア軍の陣営に向かって行ったのです。途中まで行ったところで日が暮れると、そこにヘルメスが、アキレウスの部下のミュルミドンの一人の姿になってやって来て、プリアモスの馬車に乗りこみ、御者の役をして、彼をアキレウスの陣屋まで連れて行ってやりました。そして着いたところで、プリアモスに自分の正体を知らせ、オリュンポスに帰って行ったのです。

陣屋の中にはアキレウスが、二人の家来の大将たちに付きそわれて坐っていました。プリアモスはそれでその側に行き、両手でアキレウスの膝に取りすがりました。そして大勢の自分の息子たちを無慈悲に殺した、彼の手に接吻しながら、とつぜん自分の前に敵の王が現れたのを見て、その無謀な勇気に驚いてあきれているアキレウスに向かって、こう必死で嘆願をしたのです。「どうか故国であなたのお帰りを待ちわびていられるお父上のことを思い出されて、私めを哀れとお思いになられてください。そして持って参りました財宝を、代わりに受け取られて、息子の死体を、私めにお返しください」。

これを聞いてアキレウスも今はもう、母神によって知らされたゼウスの意思に従って、遺体をプリアモスに引き渡してやらねばならぬことをさとりました。プリアモスが護衛も連れず、だれにも見とがめられずにここまで来られたことは、彼が神々の守護を受けている、何よりもたしかなしるしだと思われました。アキレウスはそれで家来に命じて、プリアモス王の荷車から財宝を下ろさせ、そのあとに腰元たちに洗わせ、香油を塗らせて衣服で包ませたヘクトルの死体を積ませました。このときにアキレウスは、敵の王に対して感じた、真摯な同情心によっても動かされていました。パトロクロスへの非常な友愛の深さからも分かるように、彼は元来は、深い思いやりの持ち主でした。それで彼はこのときには、かつては人間の身で不死の女神を妻にする無上の悦楽まで味わったのに、今は一人息子をじきに失ってしまわねばならぬ、自分の父の境涯と思い合わせて、かつては富み栄えていた敵の王が、いま陥っている悲運に、心からの同情を感じずにはいられなかったからです。アキレウスはそれで、プリアモスに優しく慰めの言葉をかけてやりながら、彼に食事を御馳走しました。そしてそのあとプリアモスに、ヘクトルの葬儀に何日かけるつもりかと尋ね、プリアモスが十一日かけたいと答えると、そのあいだはギリシア軍に、休戦を守らせると約束しました。

『イリアス』第二四歌の結末には、このあとヘクトルの遺体が、プリアモスによってトロヤに持ち帰られ、そこでアキレウスによって約束された休戦の期間に、盛大な火葬にされ、立派な塚が築かれて遺骨が納められたことが、簡潔に歌われて、このわれわれに残されている最初のギリシア文学の作品は終わっています。だがその前に六二九～六三三行には、プリアモスとアキレウスが、アキレウスの陣屋で向かい合って食事を撮り終えたときに、両者のあいだに、次のような深い感動的な、心の触れ合いがあったことが歌われています。

このときダルダノス（トロヤ市の創建者）の後裔のプリアモスは、アキレウスをつくづくと眺めて、彼の堂々とした体躯がまるで神々のようであることを嘆賞しました（エトイ　ダルダニデス　プリアモス　タウマザキレア、ホッソス　エエン　ホイオス　テ、テオイシ　ガル　アンタ　エオケイ）。そしてアキレウスの方も、ダルダノスの後裔のプリアモスの気高い容姿に見入りまた声を聞いて、やはりほとほと感心しました（アウタル　ホ　ダルダニデン　プリアモン　タウマゼン　アキレウス、エイソロオン　オプシン　タガテン　カイ　ミュトン　アクオン）。そしておたがいを見つめあいながら、両者は心に喜びを味わいあった（アウタル　エペイ　タルペサン　エス　アレルス　ホロオンテス）というのです。

このようにまず自軍の総大将、そしてそのあとに敵の花形の大勇士に対して、アキレウスが燃やした怒りの凄まじさが歌われたあとに、『イリアス』の結尾に近いところでは一転して、この稀代の英雄と敵の老王のあいだに、ほんの束の間だがたしかに成立した深い共感と心の通い合いが描かれています。このようにしてこの詩には、鬼神をも拉ぐ超絶の武勇が、味方も敵もまさに圧倒的に威圧して震え上がらせる一方で、篤い情が不倶戴天の宿敵のかたくなな心にも、深い感動を呼び起こす、アキレウスという理想の英雄の像が、見事に呈示されることになったわけです。古代ギリシア文学の幕開けとなった、傑作中の傑作の大叙事詩の中で、このように活き活きと描き出された、神々にも紛う猛勇士だが、その一方で人間として徹底して情理をつくすこのアキレウスの像は、その後のギリシア文化の中で、万人が仰がねばならぬ模範として意味を持ち続けました。そしてそのギリシアの伝統を継承した、西洋の文学と文化の基盤として、現在まで脈々と命脈を保ち続けてきました。その意味で『イリアス』で本章で見たように、鮮やかに達成されているアキレウスの描写こそは、あとに続く西洋の文学全体の紛う方のない嚆矢となったのです。

第五章　人間の運命はいかにして描かれるのか

――ヘシオドスからみる人間観

『神統記』と『仕事と日』

　ホメロス作の二篇の叙事詩『イリアス』と『オデュッセイア』に次いで、われわれが読むことのできるギリシア文学の古い作品は、ヘシオドス作の『神統記』と『仕事と日』です。ただこの二篇の詩は、ホメロスの作品と同じ方言と韻律で作られている叙事詩ではありますが、扱われている内容はホメロスの詩とはがらりと違っています。前の章で見たように、トロヤ戦争の十年目にアキレウスが為し遂げた、悲壮な事蹟を主に歌っている『イリアス』および、その同じトロヤ戦争で、アキレウスと共に主役の働きをしたオデュッセウスが、そのあと故郷のイタカに帰り着くまで、十年のあいだにした数奇な冒険のことを物語っている『オデュッセイア』が、どちらも一人の英雄を主人公にする英雄叙事詩であるのに対して、まず『神統記』では、太古にどのようにして神々が次々に誕生し、宇宙が生成したか。また神々のあいだに、どんな一連の劇的な事件があって、その結果ゼウスが、天上の神々の王である、現在の地位に即いたのか。そしてその下で、オリュンポスの主神たちをはじめとする、多くの神々や下位の神霊たちが、それぞれに定められた領分で役目を果たしたり、力を振るう、現在の世界の秩序ができたのか。その経緯が、雄大な創世神話として物語られ、神々や神霊たち、また神話に登場するさまざまな怪物たちのあいだに、どのような系譜関係があるのかなどということが、筋道を立てて説明されています。それでこの詩はギリシァで、神話のことを最初に概説した教典として、権威を持ち続けることになりました。

この『神統記』とまた違って『仕事と日』は、ヘシオドスが弟のペルセスに述べた教えという形を取って歌われています。この弟は、兄弟の父が残した遺産を二人が分割したときに訴訟を起こし、裁定者だった貴族たちに賄賂を贈って、不正な判決を下させ、本来はヘシオドスのものになるはずだった遺産の一部まで、自分が奪い取ってしまっていました。しかもそのあとも働かず怠惰な暮らしを続けたために、このようにして兄から奪い取ったものまで、浪費してしまって、また貧困に陥っていたのです。その無頼な弟にたいして、この作品でヘシオドスは、生活の安定を得るためには、彼がどのような心がけを守りながら季節の変化に従って、日々の生活を営み、勤労に励まねばならぬかを教え諭しているので、『神統記』が神話詩であるのに対して、『仕事と日』は、ボイオティア地方のアスクラという村で、牧畜と農作に従事しながら詩作したことが知られているヘシオドスが、自分自身がその一人だった当時の農夫たちが守らねばならぬ教えを述べた、教訓詩と呼べるような内容を持っています。

だがそのような農夫たちへの生活と勤労についての教訓が述べられるのに先立って、この詩の始めに近いところでは、これから取り上げるプロメテウスの神話や、太古にまず最古の人類として黄金の種族が発生したのに続いて、銀と青銅と英雄と、それに現在の鉄の種族の人間たちまで、五つの人類の種族が地上で次々に交代したことを物語っています。こうした重要な神話が取り上げられているので、そのことではこの詩もやはり、神話を歌った神話詩ともなっています。中でもこの詩で四六〜一〇五行にわたって、ずいぶんと長い取り扱いを受けているプロメテウスの神話は、『神統記』でもさらに長く、五二一〜六一六行にもわたって歌われています。つまり他の点では内容が大きく違っている二篇の詩は、この神話がそれぞれで力点を変えながら、共通して詳しく物語られていることで、つながりを与えられているので、プロメテウスの神話は、両詩をたがいに結びつける接点になっているわけです。このことからこの神話がヘシオドスにとって、とくべつに肝心な意味を持っていたことが、明らかだと思われます。

この問題の神話の発端の事件のことは、『神統記』の五三五〜五五七行で次のように詳しく物語られています。

なぜならメコネで、神々と人間たちとの区分が定められたときに、
そのおりプロメテウスは、熱意を持って一頭の巨大な牛を分け、みなの前に置いた。
ゼウスの心を、瞞着しようとたくらんで。
すなわち彼は、一方に肉と、脂肪に富んだ内臓とを、
皮の中に入れ、それを牛の胃袋に隠しておき、
他方には悪巧みによって、牛の白い骨をきちんと積み、
純白の脂肪で、隠しておいた。

するとそのとき、人間どもと神々の父（＝ゼウス）は、彼に向かって言った。

「すべての君主たちの中でもっとも名高いイアペトス（プロメテウスの父）の息子よ、おお、友よ、なんと不公平な仕方で、君は取り分を分けたのだ」。

不滅のたくらみを知るゼウスは、このように、嘲弄して言った。

だが、ひねくれた奸智の持ち主であるプロメテウスは、彼に向かって言い返した。

かすかにほほ笑みながら、悪巧みを忘れずに。

「常磐にいます神々の中で、もっとも誉れ高く、もっとも偉大なゼウスよ、
これらのうち、胸の内で心が、あなたに命じる方を、どうかお取りください」。

彼は心に悪巧みを抱いて、こう言った。

不滅のたくらみを知るゼウスは、その悪巧みを見抜き、むざむざと欺かれはしなかった。

だが彼は、心にすでに、やがて成就されることになる、死すべき人間どもにとっての災いを、予見していたのだ。

それゆえに彼は、両の手で白い脂肪をとりのけた。

たちまち彼は、胸中に怒りを覚え、心を憤怒にとらえられた。

悪巧みによって、そこに置かれた白い骨の山を見て。

このことのゆえに、人類は地上で、不死の神々のために、
煙の立ち昇る祭壇の上で、白い骨を燃やすのである。

この箇所のはじめに言われているメコネというのは、コリントの西方にあったシキュオン市の古い名です。つまりこの事件は、地上の場所であるそのメコネで起こったこととして物語られているわけです。

『神統記』の創世神話は、この詩の一一六行で、「まず万物のはじめに、カオスが生じた」と歌われることで始まっています。カオスというのは、その中でまだあらゆるもののあいだに何の区別も無い、広大無辺な淵を意味しています。つまりこの創世神話には、そのカオスがまず生じた時点では、まったく無差別で茫漠とした一面の混沌の淵でしかなかった宇宙に、どのようにして、光と闇、昼と夜、天と地、平地と山々、陸と海などの区別が次々に生じ、最後にその中で万物がたがいに混同されずに区別されている、現在の世界の秩序が確立されたかが物語られているのです。そしてその秩序を世界に完成させたのは、今の世界の神々の王であるゼウスがしたことだったとされているわけです。その世界秩序が固められるのに当たって、とりわけ肝心だったのは、神々と人間との区別をはっきりとつけることでした。それでゼウスはこのメコネで、彼が完成しようとしていた世界秩序のいわば柱となる、神々と人間との違いを定めたのだというのです。

ゼウスの前に世界を支配していたのは、彼の父のクロノスという神でしたが、そのクロノスが神々の王だったときにも、神々と人間との違いは、まったく無かったわけではありませんでした。『仕事と日』には、人類の最初の種族だった黄金の種族の人々が地上に住んでいたのは、クロノスが天上の王だった時代のことであったとされ、その黄金の種族の人々のことが一〇九〜一一九行で次のように歌われています。

言葉を話す人間たちの最初の種族として、黄金の種族を、
オリュンポスに住まいを持つ、不死の神々は造った。
彼らが住んだのは、まだクロノスが天上で王であった時代のことである。
彼らはまるで神々のように、労苦と悲しみから免れ、心配を知らぬ心をもって暮らしていた。
惨めな老齢も、彼らを苦しめることはなかった。
常に手も足も若いままで、彼らは、
あらゆる災いから遠く離れて、饗宴の愉楽にふけり、
死ぬときの様は、まるで眠りに陥るようだった。
彼らにはすべての良いものがあった。
豊穣な大地は、あり余る豊かな実りを自然に産出した。
それゆえ、あり余る良いものに恵まれて、
彼らは喜びと平和のうちに、肥沃な地上に住んでいたのである。

つまりこれによれば、クロノスが天上の王だった大昔にも、すでに地上には、最初の人類だった

黄金の種族の人間たちが暮らしていました。そして彼らは、全員が最後には死んだので、神と人間とは当時でもすでに、一方が天に住み不死で、他方は地上にいて可死であるというもっとも根本的な点では、相違していました。だがこの黄金の種族の人間たちは、可死と言っても、彼らの死は現在の人間の死とは非常に違って、苦痛も衰弱もまったく伴わぬ、眠りのように安楽なものでした。しかも彼らは、神々とこの点ではまったく同じように不老で、労苦、悲しみ、心配、災いなどはいっさい知らず、大地が自然に産出してくれるあらゆる種類の良いものを、自由に取って使うことができたので、天上の神々と同様に、絶えず宴会ばかり開きながら暮らしていました。つまり彼らはたしかに、神と違う人間でしたが、一一二行に「まるで神々のように暮らしていた（ホス　テ　テオイ　デゾーオン）」と言われているように至福だったので、神と人との違いはこの時代にはあることはあっても、まだあらゆる点で甚だしく曖昧模糊としたものでしかなかったのです。

プロメテウスの悪だくみ

『仕事と日』には前にも触れたように、この黄金の種族が地上から消滅したあとにゼウスは、銀の種族と青銅の種族の人間たちを、次々に発生させては亡ぼしたことが歌われています。これらの第二番目と第三番目の種族の人間たちは、どちらも黄金の種族の人たちより、ずっと劣っていました。銀の種族の人間たちは、成長の速度が異常に遅くて、成人するまで百年もかかった上に、不敬虔で、大人になっても神々を祭ったり拝むことを、いっさいしませんでした。それでしまいにそのことを怒ったゼウスによって、滅亡させられたのだと言われています。青銅の種族の人々はこれとまた打って変わって、全員が生まれつき狂暴な戦士たちでした。そして他のことには、まったく何の関心も持たずに、ただ戦争だけをして暮らしていました。しかしこのような欠点にもかかわらず、銀の種族と青銅の種族の人々は、どちらも現在の人間たちとは非常に違っていて、人間なのか神なのかはっきりしないところがありました。つまりこれらの三種族が生きた太古の時代には、神と人間との違いは、まだ今ほどはっきりと定まっていなかったのです。ゼウスはそれで、青銅の種族の人間たちを亡ぼして、今の鉄の種族の人々の祖先たちである、第四番目の英雄の種族の人間を生じさせたときに、それまで曖昧だった神と人間との区別を、はっきりつけることにしたわけです。

そのときに神々と人間とのあいだに、はっきりした違いを定めるその役目を、『神統記』の五三六行で、「熱意をもって（テュモ）」と言われているように、自分から進んで引き受けて果たした神がありました。それは、プロメテウスでした。

クロノスに代わって世界の支配者になるために、『神統記』によればゼウスは、この父の神と、それまで彼を王に戴いていっしょに世界を統治していた、ティタンというクロノスの兄たちに当たる古い神たちを相手にして、十年にわたって熾烈な戦争をしました。そしてその最後に、そこで手に入れた無敵の武器である雷で、彼らを打ち負かして縛り上げ、天と大地がへだたっているのと同じだけ大地から遠く離れた地底にある、タルタロスという暗黒の地下界に閉じこめて、クロノスに代わる神々の王になったのだとされています。プロメテウスの父のイアペトスは、ティタノマキア

（ティタンたちとの戦い）と呼ばれているこの戦争で、ゼウスの敵だったティタンたちの有力な一員でした。またプロメテウスにはアトラスとメノイティオスという兄たちと、エピメテウスという弟がいましたが、両名の兄たちはこの戦争でティタンの側で戦い、メノイティオスは『神統記』によれば、他のティタンたちと同様に、雷で打たれて、地下の暗黒の中に閉じこめられました。またアトラスは、ティタンたちの中でも並外れて巨大な体と無類の怪力とを持っていたので、タルタロスに幽閉される代わりに、それとは別の世界のために肝心だがとくべつ辛い役目につかせられました。この巨人の神は世界の西の果てに立って、一瞬の休みも無しに頭と両腕で、天空を落ちてこないように支え続けねばならぬことにされたのだというのです。

だがプロメテウスは弟のエピメテウスといっしょに、このときまで父や兄たちのようにゼウスに敵対はせずに、彼に味方している友だちであるようになりすましていました。プロメテウスという名前は、「先見の明（プロメテイア）の持ち主」という意味です。それでこの名前に言われている通り、先を見通す知恵の持ち主だったプロメテウスは、ティタンたちがアトラスの怪力があっても、力で戦ってゼウスにけっして勝てないことが、よく分かっていたからです。だが彼はゼウスに、心から従っていたのではありませんでした。ティタンたちが力で負かすことのできぬゼウスをプロメテウスは、自分の知恵でなら騙して、手痛い目にあわせてやる事ができると思い、そのための機会を、側にいながら虎視眈々とうかがっていたのです。そしてゼウスが、これから自分の支配する世界で、神々と人間とのあいだにつけられる区別を定めようとしたときに、今こそゼウスと知恵比べをして負かし、一泡吹かせてやれるときがきたと思いこみました。それでそのことをする役目をどうかやらせてもらいたいと、自分からゼウスに申し出たというのです。

ゼウスがそのことを承知するとプロメテウスは、五三六行で「巨大な牛（メガン　ブーン）」と言われている、一頭の見事な牛を殺して、それを五三七行に「分けて前に置いた（ダッサメノス　プルーテケ）」と言われているように二つに分けて、そこにゼウスによって集められていた者たち（つまり神々と人間たち）の前に置きました。つまり彼はこのとき、牛を二つの部分（モイラ）に分けたわけですが、ギリシア語で「部分、区分、分け前、取り分」などを意味する語であるモイラにはまた、「運命」という意味があります。それはこの世界でそれぞれのものに持つことを許されている区分、取り分が、そのものの運命になるからで、それで運命をつかさどる女神は、モイラたち（モイライ）と呼ばれているわけです。つまりプロメテウスは、牛を神々の取り分（モイラ）になる部分と、人間の取り分（モイラ）になる部分に分けることで、神々と人間のそれぞれにこれからの世界で定められることになる運命（モイラ）の違いをはっきりつけようとしたわけです。

ゼウスがこのときに計画していたのは、言うまでもなく、人間が地上の可死の存在であるのに、まるで天上の不死の神々のように至福だったために、それまで曖昧だった神々と人間との違いを、至福はただ神々だけのものにし、人間には老いや、労苦や、悲しみなどさまざまな災いを、モイラとして与えることで明確にすることでした。つまり一言で言えばゼウスは神々に良いモイラを、人間にはそれとははっきり違う悪いモイラを与えようとしていたわけです。プロメテウスは五三七行に

「ゼウスの心を瞞着しようとたくらんで（ディオス　ノオン　エクサパピスコン）」と言われているように、そのゼウスを騙して彼の意図とは反対に、人間の方にすべてのよいものをモイラとして与え、神々の方がそれと違う悪いモイラを持つようにしようとして、牛を二つの部分に分けたのだとされているわけです。

　そのために彼は、牛の中の人間にとって役に立つ良い部分だと彼が考えた、食べられる肉と内臓のすべてを、食べられぬ皮の中に入れた上に、さらにその全体を牛の胃袋の中に隠し、外側から見ると屑の詰まった汚い袋にしか見えぬものを一方に置き、他方には彼に無価値だと思われた牛の骨を、さも大切なものであるかのようにきちんと積んでおき、その上を白い脂肪で覆い隠して、中に美味な肉があるように見せかけました。そしてその上でゼウスに丁重な言葉で、この二つのモイラのうちのどちらでも好む方を取るように勧めて、彼に脂肪に隠された骨を神々のモイラに指定させようとしたわけです。しかしこの悪巧みはゼウスによって、五五一行に「（彼は）その悪巧みを見抜き、むざむざと欺かれはしなかった（グノ　ルーデエグノイエセ　ドロン）」と言われているように、すっかり見破られていました。プロメテウスはたしかに、ゼウス自身によって五四三行で「すべての君主たちの中でもっとも名高い（パントン　アリデイケタナクトン）」と言われ、五五九行では「世に卓越した（＝すべての者を凌駕する）知恵者（パントン　ペリ　メデア　エイドス）」と呼ばれているような、抜群の知恵者でした。だがその彼のずば抜けた狡智によっても、「不滅の企みを知る（アプティタ　メデア　エイドス）五六一行」と言われている、最高神のゼウスの叡知を欺くことは、そもそもできるはずがなかったのです。

だが一見すると奇妙なことに思えますが、ゼウスはこのように自分を騙して人間には不用の骨を、神々のモイラとして選択させようとしていたプロメテウスのたくらみを、すっかり見破っていたにもかかわらず、そのプロメテウスの思惑の通りに、脂肪に隠されている骨の方を、神々の取り分に定めました。それはこのとき彼が、五五一～二行に「心にすでに、やがて成就されることになる、死すべき人間どもにとっての災いを予見していた（カカ ドッセト テュモ トゥネトイス アントロポイシ、タ カイ テレエスタイ エメルレン）」と言われているように、神々の至福と区別されるどのような災いが、人間のモイラにならねばならぬかということを、すでにすっかり計画していたからで、それでその計画に従ってゼウスは、脂肪に覆われた牛の骨の方を、神々のモイラに選んだのだというのです。つまりプロメテウスがゼウスを騙して選ばせようとした牛の部分は、じつはゼウスがもともと不滅のたくらみによって、彼が世界に確立しようとしていた秩序の中で、神々に割り当てようと計画していたモイラを、的確に表わす牛の部分だったわけです。そして胃袋に入れられ皮に包まれていた牛の肉と内臓は、これもプロメテウスの思惑とは違って、ゼウスが人間どもに与えようと当初から意図していた災いのモイラを表わすのに、まさに相応しい牛の部分にほかならなかったのです。

このプロメテウスによる牛の二分割と、その悪巧みを逆に自身の不滅のたくらみを達成するために、まんまと利用したゼウスの選択によって、古代ギリシア人の宗教の核心を成す儀礼だった、牛を神々への生贄として殺す供儀式が制定されました。つまり古代ギリシア人は牛を殺して食べるときには、必ず神々を祭るための供儀式を執行していたのですが、その儀礼で神々に供物として捧げられたはずの牛の肉と内臓とは、実際には人間が食べ、皮や胃袋も人間が利用して、神々のためにはただ人間にとって無用の牛の骨だけを、脂肪でくるんで祭壇の上で燃やして、その芳しい煙を、天上の神々まで立ち昇らせていたのです。これは一見すると人間に不当に有利で、神々をまるでぺてんにかけて騙しているような、モイラの配分であるようにも思えます。だがヘシオドスによれば、この配分は人間が自分たちの意思で勝手に決めたことではなく、太古に神々のあいだでゼウスの意思によって定められたことなので、人間はそれを神聖な儀礼として、その通りに遵守し続けねばならないのです。

たしかに供儀式で人間は一見すると、牛の役に立つ良い部分をすっかり自分たちが取り、神々にはただ無価値な屑の部分だけを、供えているようにみえます。だがじつは、このとき祭壇の上で燃やされる骨は、牛の体の中の朽ちて腐ることのない不滅の部分なので、不死の神々の運命を表わすのに真に相応しく、それに対して人間が食物として胃の腑に入れる肉と内臓は、たちまち腐って朽ちてしまう部分なので、死んで腐って朽ちて無に帰してしまう人間の惨めな運命を表わすのに、真に相応しかったのです。しかも人間はその放置すればたちまち腐って汚臭を発するようになる牛の肉と内臓を地上で賞味し、神々は天上にいて、骨が火で焼かれ浄化されて煙になって立ち昇ってくる芳香だけを嗅ぐので、そのことによっても地上にいる汚れた肉の存在である人間と、天上の清らかな霊的存在である神々との違いが、供儀式ではまさにはっきりと表わされていたわけです。

神と人間とが区別されるとき

つまり供儀式は一面ではたしかに、人間が神々と同じ牛を分けあって、神々のモイラを神々に供え、人間に属するモイラを自分たちが食べることによって、神々と人間とを牛を媒介にして触れ合わさせ結びつける儀礼でした。だがその反面でこの儀礼のたびに人間は、神々と同じ牛を共食しながら、それと同時に骨を神々のために燃やし、肉と内臓を自分たちの胃の腑に納めることによって、神々は天上にいる不死で清浄な霊的存在であり、人間は地上に住む、可死で汚れた肉的存在であるという、神と人とのあいだに画然と定められている区別を、そのつど改めてはっきりと確認させられていたわけです。しかもプロメテウスの分割とゼウスの選択とによって、人間の取り分として決定された牛のモイラは、肉と内臓が皮の中に入れられた上に、さらにその全体が胃袋に詰めこまれていたとされていますが、これもこの世界でゼウスの意思によって人間に割り当てられている、惨めな運命を如実に表わしている形状だったと言うほかありません。まず肉と内臓が皮の中に入れられたというのは、まさに汚れた肉の詰まった皮袋に似ている、死すべき人間の姿そのままです。そしてその全体がさらに、胃袋の中に隠された形で人間のモイラに定められることによって、人間は胃袋によって代表されるモイラを持つことになったわけです。つまり絶えず食物を詰めこまねばならぬ胃袋を持って、その不断の飽くことのない要求を満たさねば生きられぬことが、人間の運命として確定され、それが神々と人間との決定的な相違点となりました。このように胃袋を神々と人間との相違の象徴と見なす観念を、ヘシオドスは『神統記』の別の箇所でもはっきりと表明しています。

この詩の冒頭でヘシオドスは、九姉妹の詩の女神のムサイたちを誉める長い讃歌を歌い、その中の二二〜三四行で、彼が故郷のヘリコン山の麓で羊を飼っていたときに、とつぜんムサイたちが自分の前に現れて、彼に親しくそのための権能と使命を与え、自分を詩人にしてくれたのだということを述べています。二六行によればこのときにムサイたちは開口一番に彼に、「野に住む羊飼いたち、悪しき恥辱であり、ただの胃袋でしかない者たちよ」と呼びかけました。それで彼はこの呼びかけによって、不死で至福な神々の前で、人間がどれほど惨めきわまりない無価値な存在にすぎぬかを、徹底して思い知らされたというのです。つまりヘシオドスの詩人としての活動の出発点だったことが明らかなこの宗教的体験によって、ヘシオドスに啓示された最初の真実が、人間は「ただの胃袋でしかない（ガステレス　オイオン）者たち」であることで神々と根本的に違い、「悪しき恥辱（カケレンケア）」にすぎないということだったので、この啓示に照らして見れば、プロメテウス神話の中で、人間のモイラに定められたことを物語られている牛の部分が、胃袋のなかにすっかり隠されて、まさに「胃袋でしかない」ように見える相貌を呈していたとされているのは、本当にこの上なく相応しい形状だったわけです。

このように胃袋を人間の悲惨の張本と見なす観念は、『オデュッセイア』の中でも、主人公のオデュッセウスの口から、彼の体験に基づく述懐として、くり返し表明されています。第一五歌の三四四〜五行ではオデュッセウスは、この時点ではまだ長い流浪の果てにようやく故郷に帰り着いたばかりの彼の正体に気づいていない、忠実な豚飼いのエウマイオスに向かって、「破滅をもたらす胃袋の所為で人間は、流浪と悲惨と苦痛が彼を襲うときに、おぞましい苦悩を持つ」と言っています。また第一七歌の二八六〜九行では、彼は同じエウマイオスにこう言っています。

だが胃袋の激しい要求を隠すことは、どうしてもできない。
破滅をもたらす胃袋こそ、人間の多くの災いの張本にほかならず、
不毛な海原を越えて、敵に災いをもたらすため、結構な漕ぎ座の船が用意されるのも、
胃袋が、その原因なのだ。

つまりここではオデュッセウスは、トロヤ方とギリシア方の無数の人間の破滅と不幸の原因となったトロヤ戦争が起こったのも、元をただせば人間に胃袋があるためで、それゆえ十年続いたその戦争のあと、さらに十年にわたってつらい流浪を続けねばならなかった、オデュッセウス自身の筆舌に尽くせぬ辛い苦しみも、けっきょくは人間に胃袋があることが、その根本の原因だったのだと言っているわけです。

このようにプロメテウスの工夫を凝らした悪巧みにもかかわらず、メコネで彼がした牛の二分割と、それを利用したゼウスの選択によって神々と人間とは、ゼウスが不滅のたくらみによって当初から予定していた通りのモイラを、それぞれに割り当てられました。だが結果的には、すべてを見通す最高神の叡知によって見破られて、ゼウスの計画の成就のために巧みに利用されはしましたが、このときプロメテウスがたくらんだ悪巧みはとうぜん、ゼウスの絶対の権威にあえて楯突こうとした、許すことのできない反逆でした。それでゼウスは脂肪で覆われた骨の方を神々の取り分に指定し、脂肪を取り除けてその下に彼を騙す目的できちんと積み上げられて隠されていた骨の山を見たときに、前掲した『神統記』の五五四行に「胸中に怒りを覚え、心を憤怒にとらえられた」と言われているように、激怒しました。そしてこの不遜な悪巧みに対する報復として、プロメテウスが不当に利益を計ろうとした人間たちに、それまで自由に使わせてやっていた、火を与えることを止めたのです。そのことは『神統記』の五六二〜四行に、こう歌われています。

　そしてこのときから以後、彼はけっしてこの悪巧みを忘れず、
地上に住む、死すべき人間たちのために、
とねりこの木により、疲れを知らぬ火の力を、与えなくなったのだ。

ここでゼウスが人間に火を使わせるのを止めたことが、「とねりこの木により、疲れを知らぬ火の力を与えなくなった」と言われていることから、必要なものがすべて人間のために、大地から自然に生じて、人間はそれを取ってきて使えばよかった太古には、人間は火もとねりこの木から、実を取るようにして自由に取ってきて、使うことができたのだと思われます。しかもその火は五六三行に、「疲れを知らぬ火の力（ピュロス　メノス　アカマトイオ）」と言われているように、現在の人間が使っている火が、燃料が尽きればたちまち勢いが弱って消えてしまうのと違って、神々が不老不死であるのと同様に、火勢が衰えることも消えることもない不滅の火でした。それでゼウスはプロメテウスの悪巧みに対する報復として、人間が可死であるにもかかわらず、まるで神々のように不朽で不滅な火を使っていた状態を終わらせ、この点でも曖昧だった神々と人間の違いを、はっきりつけたのだとされているわけです。『仕事と日』にはこのときゼウスによって、火だけでなく、「生命の糧（ビオス）」である食物も、人間から隠されたのだとされ、そのことが四二～五〇行で、こう歌われています。

なぜならば神々は人間たちから、生命の糧を、隠してしまっているのだから。
もしそうでなければお前は、一日だけ楽に働けば、
一年間、なんの仕事もせずに暮らせるだけの収穫を、得られただろう。
そして船の舵はすぐさま、（炉の）煙の上方に、つるしてしまって（航海の季節が終わると、舵は船体

から外され、炉の上につるされて保存されました）、牛たちや、忍耐強い驢馬たちを、仕事に駆り立てる必要も、まったくなかっただろう。だがゼウスは心に怒って、隠してしまったのだ。彼を、ひねくれた奸智の持ち主であるプロメテウスが、ぺてんにかけたそのおりに、このことゆえに彼は、人間たちに対して、忌まわしい苦難を生じさせた。そして彼は、火を隠したのだ。

つまり「生命の糧（ビオス）」である食物が、このときから人間から隠されてしまったことによって、大地が自然に産出してくれる食物を、取ってきて使えばよかった太古の状態に終止符が打たれました。それで人間は隠されているビオスを、自分の勤労によって辛苦して大地を耕して、地中から穀物として生え出させるか、あるいは危険を冒して航海をして船で海を渡って、交易によって手に入れなければならなくなったのだというのです。

プロメテウスの失敗

このようにゼウスから手厳しい報復を受けた結果プロメテウスは、悪巧みによって彼が利益を計ってやろうとした人間を逆に非常に不幸な状態に陥れてしまったわけですが、それでも彼はまだへこたれずに、また狡知を働かせてゼウスを騙し、人間たちの窮境を打開してやろうとしました。つまり彼は、『神統記』の五六五～七行に、「しかしイアペトスの立派な息子は、彼（＝ゼウス）を欺き、疲れを知らぬ火の遠目に著しき輝きを、うつろな大茴香に入れて盗んだ」と歌われているようにして、ゼウスが人間から隠した火を、天上から盗んできて人間たちに与えて、また利用できるようにしてやったというのです。大茴香（ナルテクス）というのは繖形（セリ）科に属する植物で、茎の内部に繊維質の芯を含んでおり、その一端に点火すると、火は長い時間をかけて燃え続けますが、そのあいだ外皮は緑色のままで燃えません。そのためにエーゲ海の島々では、十九世紀まで実際に、火を運ぶのに便利な道具として、使用されていました。それで内部が燃えていても、外からはみずみずしく湿っているように見える、この植物の茎を利用することでプロメテウスは、五六六行に「疲れを知らぬ火の遠目に著しき輝き（アカマトイオ　ピュロス　テレスコポン　アウゲン）」と言われているように、遠くからも眩しい光がはっきり見える火を、見えないようにして、天上から地上まで運んでくることができたのだというのです。

だがこのように大茴香の中に入れられて、運んでこられたことで、このときプロメテウスが盗んできた火は、天上でそうであったような「疲れを知らぬ（アカマトスな）」火ではなくなってしまっていました。なぜならこの窃盗がその嚆矢となって、火種を保存し運ぶための道具として人間に使われることになった、大茴香に入れられて持ってこられたことで、人間のものとなった火は不滅ではなくなり、人間が細心の注意をして火種を絶やさぬようにせねば、たちまち力が衰えて消滅してしまいます。なぜならそれを使う人間がそうであるように、可死である火に変質していたからです。

そしてこのように人間とまさに同質である可死の火が、モイラの一部として人間の手に入ることは、神と人との区別をはっきりさせようとしたゼウスの意図に、明らかにかなっていました。なぜなら火を持たずにいたままでは人間はそもそも、メコネでゼウス自身の選択により、人間のモイラに定められた牛の肉と内臓を料理して食べ、他方で神々のモイラにされた骨を祭壇の上で燃やして、供儀式で神と人とのモイラの違いを確認することができないからです。このように大茴香の茎をそのために利用するという、まさに彼ならではの巧妙な工夫によって、火を天上から盗んできたことでもプロメテウスはけっきょく、彼の思惑とは違って、ゼウスの不滅の計画を寸分も違わせることができなかったのです。悪巧みを凝らし苦労して為果たせた火の窃盗によっても彼は、ゼウスが当初からモイラの一部として持たせることを予定していた、その通りの火を人間に与えることで、彼の不滅の計画の成就に不可欠だった寄与を、果たさせられてしまったわけです。

最初の女性パンドラ創造神話

しかもこのプロメテウスによる火の窃盗はゼウスにとって、彼が人間に定めることに決めていた災いのモイラを、その計画の通りに完成するために、ぜひとも必要な出来事でした。なぜならこの許し難い剽掠の行為に、それに相応しい報復を加えるためにゼウスは、人間がそれによって得た火と、まさにあらゆる点で対応する災いを人間に与えて、それによって人間のモイラに、彼が予定していた通りの仕上げを施すことができたからです。『仕事と日』の五四〜八行には、ゼウスがそのことを、火を人類に与えたことで、今度こそゼウスの鼻を明かしたと思いこんで有頂天になっているプロメテウスに向かって、こう宣言したことが歌われています。

世に卓越した知者である、イアペトスの息子よ、
火を盗み、私の心を欺いたことで、君は悦に入っているが、
それは君自身にとっても、また将来の人間どもにとっても、大きな災禍なのだ。
彼らに私は、火の代わりに、災いを与えるであろう。
それを彼らはみな、心から喜び、自らの災いを腕に掻き抱いて、鍾愛するのだ。

ここでゼウスがプロメテウスに対して、人類に与えることを宣言した、彼らが喜んでもらい受けて、抱き締めて愛さずにいられず、それゆえ免れる術のない災いというのは、人間の女のことにほかなりません。そしてこのあとゼウスは、工作の神へパイストスをはじめとする多くの神々に命令して、最初の人間の女であるパンドラの製作に当たらせたので、そのことは『仕事と日』の五九～八二行にこう物語られています。

こう言うと、人間どもと神々の父は、高笑いした。
そして彼は、その名も高いへパイストスに命令した。

大急ぎで、土と水を混ぜ合わせた中に、人間の声と力を入れ、
不死の女神の容姿とそっくりに、
美しく愛らしい、処女の形を造れと。
またアテナには、この処女が見事な布を織れるように、機織りの技を教えよと。
また黄金のアフロディテには、魅力と、苦しみをもたらす情欲と。
四肢の力をくじく憂悶を、その頭に注ぎかけよと。
そしてその内部には、犬の心と盗人の性を入れよと、
アルゴス（＝ヘルメスによって退治された、身体中に無数の眼を持っていたという怪力の怪物）の殺害者である、ヘルメスに命じた。
この言葉を聞くと、神々はすぐさま、クロノスの子である主ゼウスの言いつけに従った。
名高い曲がり足の神（＝ヘパイストス）は、ただちに土を取って、
つつましい処女の似姿を、クロノスの子の意思の通りに造り上げた。
そして輝く眼を持つアテナが、彼女に帯を締め、衣裳を着せてやると、
カリテスたちと、主なる女神ペイトとがこもごも、
うなじの回りに幾重にも、黄金の首飾りを付けてやり、
また髪の美しいホライたちが、春の花の環を頭にかぶらせ、
そしてパラス・アテナが、身体の装いをすべて整えた。

一方、彼女の胸の内には、使者であるアルゴスの殺害者が、
嘘と甘言と、盗人の性とを、
ゼウスの意思に従って、造って入れ、
また神々の伝令は、声も彼女の内に入れてやって、
この女を、パンドラ（＝すべてからの贈りもの）と名づけた。
それは、オリュンポスに住まいを持つ者たちのすべてが、穀物を食べる人間の苦しみとなる贈り物を、贈ったからである。

女性創造神話の意味を持つこの話に語られているように、人間の女の肉体は死すべき人間に相応しく土と水とを材料にしながら、ゼウスの命令に従って技術の神へパイストスによって、天上の不死の女神たちの容姿とそっくりに、こよなく美しく愛らしい乙女の形に造られました。しかもへパイストスが巧みを凝らして、不死の女神とそっくりに造り上げたその女の優美な肉体に、ゼウスはさらに美と愛の女神のアフロディテに命令して、男の苦しみの原因となる情欲をそそり、どれほど頑丈で意志堅固な男でも必ず骨抜きにしてしまう、不可抗な性的魅力を、頭からたっぷり注ぎかけさせました。そしてその上にゼウスはさらに、アテナには彼女のつかさどる機織りの技術を教えさせたので、人間の女はそれで、もともと不死の女神とそっくりに美しく、アフロディテの性的魅力を備えている肉体を、美しい衣裳によって、よりいっそう美しく魅力的に見せる術を、身に付ける

ことになったのだというのです。

アテナはまた、カリテス、ペイト、ホライらの女神たちに手伝わせて、でき上がった女に衣裳と美麗な飾りを着けてやり、彼女に花嫁の扮装をさせてやったと言われています。ここでアテナの手助けをして、女を美しい花嫁の姿に飾り立てたことを語られている女神たちは、どれもアフロディテと密接な結びつきを持ち、この女神の侍女の役をすると考えられていました。まず三姉妹の美の女神のカリテスたちについては、アフロディテが地上での自身の本拠地だったキュプロス島のパポスにあった神殿に帰って来たときに、そこで彼女に入浴と化粧をさせたことが、『ホメロス讃歌』の「アフロディテへの第一の讃歌」の五八〜六三行に、こう歌われています。


彼女（＝アフロディテ）は、キュプロスに行き、パポスにある薫香芳しい神殿に入った。

そこに女神は、神域と芳しい祭壇とを所有している。

彼女はそこへ入り、目映い扉をしめた。

するとそこでカリテスたちが、彼女に湯浴みをさせ、
常磐にいます神々の持つ、不死の香油を、彼女に塗った。

彼女のために、香料に調製された、神々の心地よい香油を。


またペイトは、ギリシア語でペイトと呼ばれた「説得」の神格化された存在ですので、その「説

得（ペイト）」の力はとうぜん、裁判や政治、教育など、さまざまな分野でも働くと信じられていました。だが古代ギリシア人にとってこの女神はまず、アフロディテのつかさどる女性の美しさと性的魅力が、男を不可抗的に蠱惑する、その神秘的な「説得」の力を、神格化した存在と見なされていたのだと思われます。それで方々のアフロディテの神殿で、ペイトはアフロディテの陪神として祭られていたことが知られており、また現存する古代ギリシアの美術作品の中でしばしば、アフロディテの分身か扈従のように扱われて、この女神の側に表わされています。ペイディアス作の名高いオリュンピアのゼウス像の玉座を支えていた台にはとりわけ、海から上がってくるアフロディテに、ペイトが冠を被せているところが、黄金で浮彫りされていたことが、紀元二世紀のパウサニアス（『ギリシア周遊記』五、一一、八）の記述によってわれわれに知られており、そのことからカリテスや次に見るホライたちと同様にペイトも、侍女としてアフロディテに仕え、この女神を美しく飾る役をすると信じられていたことが分かります。

これも三姉妹の季節の女神たちだったホライたちについては、海に浮かぶ泡の中で誕生したアフロディテが、その泡に入ったまま海上を波によって運ばれてキュプロス島に着き、そこに裸身のまま上陸したときに、この女神を出迎えて衣を着せ、冠や耳飾りや首飾りで美しく装わせて、天上の神々のもとへ案内して行ったことが、『ホメロス讃歌』の「アフロディテへの第二の讃歌」の一～一八行に、こう歌われています。

黄金の冠をいただく、畏く美しいアフロディテのことを歌おう。
彼女は、海中に浮かぶキュプロス全土の、城市の主とあがめられる。
そこへ、西風の息吹の湿り気を帯びた力が、彼女を、
とどろく海の波の上を、柔嫩（じゅうどん）な泡に入ったまま運んだ。
そして、黄金の髪飾りを付けたホライたちが、喜んでこれを迎え、
神の衣をきせた。
女神の神々しい頭には、彼女たちは、見事にこしらえられた美しい黄金の冠を置いた。
また耳たぶの孔には、
オレイカルコス（＝架空の貴金属）と高価な黄金で作られた花を挿し入れ、
柔らかな首と純白の胸の周りは、黄金の首飾りで飾った。
それは、黄金の髪飾りを付けたホライたち自身が、
父（＝ゼウス）の館に、神々の心ときめかす舞踏に加わりに行くときに、
身の飾りとしていたものである。
こうして身体のまわりに、すっかり飾りを付けた上で、
彼女を、不死の神々のところへ、連れて行った。
すると神々は、それを見て喜び迎え、一斉に彼女の方へ手を差し伸べ、
みな、すみれの冠を付けたキュテレイア（＝アフロディテの渾名）女神の美しさに驚嘆して、

自分こそ、彼女を正式な妻に娶って、家に連れ帰りたいと願った。

このようにアフロディテに侍女として仕えて、入浴や化粧や着付け、扮装などを手伝うと信じられていた女神たちの協力によって美しく飾り立てられたことで、最初の人間の女のパンドラは、前に見た『仕事と日』六五〜六行で言われているゼウスの命令の通りに、アフロディテの魅力を全身に注がれ、アフロディテ自身の麗姿をさながら再現するような恰好に仕上げられることになったわけです。

『ホメロス讃歌』の「アフロディテへの第二の讃歌」一五〜八行には、アフロディテがはじめて美しく装われて天上に連れて来られたときに神々は、「それを見て喜び迎え、一斉に彼女の方に、手を差し伸べ、みな、すみれの冠を付けたキュレテレイア女神の美しさに驚嘆して、自分こそ彼女を正式な妻に娶って、家に連れ帰りたいと願った」と歌われています。つまり神々はみなアフロディテに夢中で恋をして、彼女を妻にして家に連れ帰って鍾愛したいと熱望したというので、そのアフロディテとそっくりの外見に作られているパンドラを見れば、人間の男はとうぜんだれも、『仕事と日』五八行に見たように、「心から喜び、自らの災いを腕に掻き抱き、鍾愛するのだ」と言われている通りに、災いである女を喜んでもらい受けて、家に入れて愛さずにはいられなくなるわけです。

そしてこのように外見は、人間の男がだれでも大喜びでもらい受けて、夢中で愛さずにいられないように作り上げられていた女の内部にゼウスは、本書の第一章で詳説したように、自身が大泥棒で破廉恥な大嘘つきであるヘルメスに命令して、女の内実として「犬の心（キュネオス　ノース）」つまり犬のような恥知らずの心と、「盗人の性（エピクロポン　エトス）」つまり泥棒の性質を入れさせました。ヘルメスはまた、これもゼウスの意思に従って、「嘘（プセウデア）」と「甘言（ハイミュリオイ　ロゴイ）」を、女の内部に入れたのでその結果、人間の女は男と同じ人間の音声（ポネ）を出して話しますが、その声はもっぱら、嘘と甘い口説きの文句によって、男をたぶらかし、自分の魅力のとりこにするために用いられることになりました。こうしてでき上がった最初の人間の女にヘルメスは、すべての神々からの贈り物を意味する、パンドラという名をつけました。そしてそのパンドラをゼウスの命令に従って、プロメテウスの弟のエピメテウスのもとに、神々からの贈り物の花嫁として、連れて行ったのです。

エピメテウスに贈られた「災い」

プロメテウスは彼のプロメテイア（先見の明）によって、ゼウスが人間に与えることを彼に予告した災いが、自分の弟のエピメテウスのところに送られてくるに違いないと、見通していました。それでエピメテウスに、ゼウスから何が贈られてきてもけっしてもらわずに、そのまま手をつけずに送り返さねばならないと、くれぐれもよく注意していたのです。だがエピメテウスは、『神統記』の五一一行で、「心の狂った者（ハマルティノオス）」と呼ばれているようなうっかり者で、エピメテウスという名前それ自体も、プロメテウスの持ち前の先見の明とは正反対の「後知恵（エピメテイア）」の持ち主を意味しています。つまり彼は、とんでもない失敗をして、あとからそのことに気づく知恵しか持っていない空け者（うつけもの）だったのです。それで彼はパンドラを一目見てその魅力に夢中になって、プロメテウスから受けていた注意をまったく顧慮せずに、大喜びで花嫁としてもらい受けてしまいました。そしてこの空け者のエピメテウスが、もともと人間がそれに嵌って逃れることがけっしてできなくなる罠として作られていたパンドラを、妻に娶って家に住まわせたことで、人間の災いのモイラは、ゼウスが計画していた通りに完成されることになったので、そのことは『仕事と日』の八三〜九行にこう歌われています。

さてこの険しく、対処する術のない、陥穽ができ上がると、
神々の父（＝ゼウス）は、迅速な使者である、名高いアルゴスの殺害者を、
神々からの贈り物を持たせ、エピメテウスのもとへ送った。
エピメテウスは、プロメテウスが彼に言ったことを顧慮しなかった。
オリュンポスのゼウスからの贈り物をけっして受け取らず、
死すべき人間たちにとって、災いにならぬように、ただちに送り返せと言われていたのだが、
それなのに彼は、それをもらい受けてしまい、不幸に遭ったとき、はじめて悟ったのだ。

『神統記』ではエピメテウスは、このようにしてパンドラを妻にして家に住ませたことで、彼自身が人類にとっての災いになったのだとされ、そのことが五一二〜四行で、こう歌われています。

彼は最初から、穀物を食べる人間たちにとって災いとなった。
なぜならば彼が最初に、ゼウスの造った女である処女を、
家に入れたからである。

エピメテウスがパンドラを、花嫁にもらい受けて家に入れたことは、二重の意味で人類にとって、ありとあらゆる苦しみと災いの原因になりました。まずパンドラは、エピメテウスの家で大甕を見つけると、その厳重にされていた蓋を取り除いて、中に封じ込められていたあらゆる種類の災いを、世界中に拡散させてしまいました。これらの災いはすべて、姿が眼に見えぬだけでなく、ゼウスによって声を取り上げられているために音を出さず、近づく気配をまったく感じさせません。ですから人間は襲われる瞬間まで、その接近に気がつきません。それでこのときから人間は、昼も夜も、地上でも海上でも、いたるところに充満していて、いつ振りかかってくるか分からないあらゆる種類の災いに、絶えず脅かされ苦しめられながら、生きてゆかねばならぬことになったのです。

ただ甕の中にあったもののうち希望（エルピス）だけは、パンドラがあわててまた甕の蓋をしめたとき、まだ外に飛び出していなかったので、そのままた甕の中に封じ込められて残りました。

ただしこのことも、けっして偶然にそうなったのではなく、ゼウスがあらかじめ計画していた通りに起こったことでした。つまり人間のモイラは見てきたように、プロメテウスの悪巧みとそれに対するゼウスの報復とがくり返されることによって決定されたのですが、結局は細部まで、ゼウスが不滅のたくらみによって予定していた通りに、寸分の狂いもなく定まったわけです。そのことは『仕事と日』の九〇～一〇五行に、こう歌われています。

　なぜならその以前には、人類は地上で、
もろもろの災禍から逃れ、またつらい労苦と、
人々に死をもたらす、苦しい病気になやまされることもなく、暮らしていた。
だが女が両手で、甕の重い蓋を取り除き、
それらをまき散らして、人間たちに、忌まわしい苦難を生じさせてしまった。
その場所には、ただ一つ希望だけが、堅牢な住まいである甕の口を越えず、
内部に残り、戸外に飛び出さなかった。
なぜならばそれよりも前に、パンドラがまた、甕の蓋を閉めたからである。
山羊皮盾を持ち、雲を駆るゼウスの意思の通りに。
しかしこのときから、人間どものあいだを彷徨する、惨苦の数は無数である。
地上にも、海にも、災いが充満している。

ある病気は、昼に、また別の病気は夜のあいだに、
死すべき者たちに、苦難をはこび、人間どもに、ほしいままに襲いかかる。
声も立てずに、なぜならば賢明なゼウスが、彼らから声を取り上げたので。
このように、ゼウスの心を免れることは、どのようにしても、けっしてできぬのである。

ヘシオドスがここでピトスというギリシア語で呼んでいる大型の甕は、古代ギリシア人によって古くから、穀物、酒、油などや、あるいはもっと貴重なさまざまな財宝などを中に貯蔵しておく、庫の役をする容器として用いられていました。ですからパンドラが嫁入りしたエピメテウスの家で見たピトスは、彼女にはとうぜん、内部に夫の蓄えた食物か富が、いっぱい詰まっているに違いないと思えたわけです。それでそのピトスを見て、ゼウスの意思により大泥棒の神であるヘルメスによって、その持ち前の「盗人の性（エピクロポン　エトス）」を、女の内実の本性として入れられているパンドラは、とうぜんその「盗人の性」を発揮して、中にあるに違いないと思われた良いものを、盗んで貪ろうとして、固く閉じられていた蓋を開けたわけです。ところが中に良いものが充満していると思われたピトスの内部には、反対に人間に苦しみをもたらす、あらゆる種類の災いが封じこめられていました。つまりこのピトスは、無上の喜びを与えると思えた肉体の内部に、男たちの苦しみの原因となる犬の心と盗人の性と、嘘と甘言を隠し持っていたパンドラと同様に、外見と内実とがまったく正反対で、パンドラが人間の男にとってそうであったその通りに、「険しく対処する

術のない陥穽」つまり、必ず嵌ってしまうように造られていた落とし穴だったわけです。

こうしてもともと泥棒の本性を持つように造られていた彼女にとって、とうぜん内蔵されているものを貪ろうとせずにいられない形状を呈し、逃れる術のない落とし穴だったピトスの蓋を取り、中の災いを飛び出させてしまったあとにパンドラは、まだ希望だけが外に出て行かずに内部に残っていたピトスの蓋を、あわててまた閉めたとされています。そしてこれもけっして偶然にそうなったのではなく、九九行に「山羊皮盾を持ち、雲を駆るゼウスの意思の通りに」と明言されているように、ゼウスによって当初から、必ずそうなると予定されていたのが、その通りに起こった出来事だったというのです。

このようにゼウスが必ずそうすると予見していた通りに、エピメテウスの家で見たピトスの蓋をいったん開け、そのあとにあわててまた閉めたこのパンドラの行為によって、人間はこのときからピトスの外に出てしまったあらゆる種類の災いに、苦しめられる運命を持つことになりました。ただその一方で、パンドラが蓋を閉めたときに、これもゼウスが必ずそうなると予定していたように、ピトスの中に一つだけ希望（エルピス）が残ったので、人間はピトスから出た災いに苦しめられながら、ピトスの中に留まった希望を内に持って生きて行くという運命を、ゼウスが計画していた通りに持つことになったというのが、この話の意味であるように思われます。

だがこのように理解するのには、問題が一つあるようにも思えます。それは災いが出て行ったあとのピトスの中に、希望だけが残ったということの意味です。そうなったことで人間は本当に、自分の内に希望を持って生きていけることになったとされているのでしょうか。ピトスの中に封じこめられていたあいだは災いは、人間を苦しめることが、いっさいなかったとされています。それでそのピトスの中に一つだけ残ったことで希望は、外に出て行って人間を苦しめることになった災いと違って、ピトスの中にいたあいだ災いがそうであったように、人間と関わりを持てぬままでいることになったのだとも、解釈することができそうにも思われるからです。

人間に残されたもの

だがパンドラがピトスの蓋を開けて、そのあとにまた閉めたこの出来事の結果、人間は災いに苦しめられる一方で、希望も持てずに生きて行かねばならぬことになったのだという解釈が、ヘシオドスの真意でないことは、『仕事と日』の四九八～五〇一行に次のように歌われていることからも、明らかだと思われます。

空しい希望（エルピス）がかなうことを期待し、働かずにいる者は、
生活の資にこと欠き、心中で多くの繰言を吐露する破目になる。
食べるものに不足している窮乏の最中に、人の集まる場所に坐り、空談に耽っている男には、
良からぬ希望（エルピス）が、伴侶として付き添っているのだ。

このようにヘシオドスは、希望（エルピス）が人間と無関係でいるどころか、人間の側近くに密着していて、人間の生き方や幸と不幸と深く関わる、さまざまな働き（この場合には、人間を貧困に陥れる悪い働き）をしていることを、明言しているわけです。

「希望（エルピス）」が中に留まった「甕（ピトス）」のことを、『仕事と日』の九六行でヘシオドスは「堅牢な住居（アレクトイ　ドモイ）」と呼び、エルピスがそこから出なかったことを九七行で、その「戸の外に（テュラゼ）」出て行かなかったと言うことで、ピトスをはっきりと、人間の住居の家に擬えています。また同じ九七行ではまた、甕の口を表すのに、唇を意味するケイロスという語を使い、エルピスがそこに残った甕の内部のことを「ピトスの両唇の下（ピトゥ　ヒュポ　ケイレシン）」と呼んで、ピトスを明瞭に人体に見立てています。つまりこのような言い方をすることでヘシオドスはここで、外に出て行った災いと違って希望が家に住む人間のもとにいて、人間の内で働くものになったことを、入念な表現上の工夫を凝らしながら、物語っていると思われるわけです。そのことはまた希望がそもそも、人間にとってしか意味を持たぬことからも明らかだと思われます。

人間は知恵によって将来のことを予見し計画して、それに基づいた行動をすることができる「先見の明（プロメテイア）」の持ち主であるという点で、その時々に本能に従った行動しかできぬ、他の動物と違っています。だがだからといって人間がもし、自分の運命を自分の意思によって計画の通りに変えられたり決められると思うならば、それはまったく不遜な思い上がりでしかありません。人間はたしかに、将来こうしたいとか、こうなりたいという計画を立て、その実現のために力を尽くすことはできます。しかしどれほど才智を傾けて懸命の努力を重ねても、それがどのように実を結ぶかは、けっきょく神意によって決まるので、人間には現在の自分がしている努力が、将来もたらすであろう結果を、あらかじめ察知することはできません。つまり人間は持ち前のプロメテイアをいかに働かせてあがいても、けっきょくはゼウスの意思により前もって自分に定められている運命（モイラ）に、思い通りの変更を加えることはできないのです。ですから人間の知恵はどれほど卓越して明敏であっても、しょせんはあとになってはじめて真実を悟る、「後知恵（エピメテイア）」にすぎないので、そのことはこれまで見てきたプロメテウスの神話に、この上なくはっきりと示されている通りです。つまりプロメテウスは、神々の中でも卓越していた自分のプロメテイアを駆使することで、ゼウスと知恵比べをして負かし、人間にゼウスが与えようと予定していたのとは違う、もっとずっと良い運命を持たせてやれると考えていました。そしてそのことに完全に失敗して、人間にはゼウスが当初から計画していたのと寸分も違わぬ運命を、そのためにさんざん知恵を絞り骨を折った末に持たせてしまい、自分自身はその反逆に対して、苛酷きわまりないと思われる厳罰をゼウスから受けることになってはじめて、自分がとんでもない思い違いをしていたことに、気づいたとされているわけです。プロメテウスがゼウスから受けた罰のことは、『神統記』の五二一～五一六行にこう歌われています。

さまざまなたくらみを持つプロメテウスを、ゼウスは頑丈な枷で縛した。

苦痛を与える鎖により、柱の中央に緊束して、
そして彼に、広い翼の鷲をけしかけた。
この鷲は、彼の不滅の肝臓を食い続けた。
だがそれは夜のあいだに、広い翼の鳥が、昼のあいだ中かけて食ったのと、ちょうど同じだけ、
また大きくなるのだった。

つまりプロメテウスは、高い柱のまん中に枷と鎖によって、身動きができぬように縛りつけられて、ゼウスがそこに送ってよこす大鷲によって、腹を食い破られて肝臓を食われる責め苦を、昼間のあいだずっと受けねばならなくされたというのです。しかも不死の神のプロメテウスの肝臓は不滅なので、夜になって鷲がねぐらに帰ると、翌朝までにすっかりもと通りになります。それで彼はこの生き地獄の苦しみを、来る日も来る日も嘗め続けねばならなくなり、そうなってはじめて自分ではプロメテイアだと思いこんでいた彼の知恵が、ゼウスの叡知の前では、失敗をしてあとからそのことに気づくエピメテイアにすぎなかったことを、腹の底から思い知ったことになっているわけです。プロメテウスのこの罰は長い年月の末に、『神統記』の五二六行以下に続けて物語られているようにしてこの鷲が、世界を遍歴していたあいだにその場所に来合わせたヘラクレスによって射殺されて、プロメテウスが無限に続くと思われたその苦患からついに解放されるまで続いたとされています。

プロメテウスが、自分では将来を正しく見通せるプロメテイアだと思いこんでいた彼の知恵が、実際にはあとから失敗に気がつくエピメテイアであることを、ゼウスによってこの上なく手痛い仕方で思い知らされたという話から、彼の愚か者の弟のエピメテウスが、じつはプロメテウスの反面であり、裏返しにされた彼自身にほかならないことが明らかだと思われます。そして一面ではプロメテウスだが、その反面ではエピメテウスで、対立しているように見える表裏がじつは一体であるこの兄弟は、神であるのに神話の中でゼウスに対して、終始一貫して人間の立場を代表して振る舞っています。つまりこの神話の中で、プロメテウスとエピメテウスの兄弟に見られる、知恵者と愚か者との二面性には、人間が現に持っている、一方で知者でありながら他方でその裏返しの愚か者でもある二つの面相が、如実に具現されていると思われるのです。希望はプロメテイアを持っているが、そのプロメテイアが裏返せばエピメテイアであるこのような人間の二面性と、明らかに不可分の関係にあります。人間と違って将来起こることを思いめぐらすプロメテイアを持っていない動物はとうぜん、未来について希望を抱くことはありません。また神々が持つプロメテイアは、浅はかな人間の知恵とは違って、未来についての過つことのない叡知ですので、神々はとうぜん、将来起こることについて、その通りになるかならないかが不確かな希望を持つようなことはありません。未来についてさまざまな計画をするが、その結果がどうなるかは分からない人間だけが、実現するかどうかがあやふやな希望を持ち、その希望に鼓舞されたり慰められて、災いに苦しめられながらなんとか、辛い暮らしを生き抜くのです。つまり希望はたしかに人間にとってだけ意味があり、ゼウスの意思によって人間の内で働くことを定められた、人間の運命（モイラ）の不可分の要素であるわけです。

ゼウスの不滅のたくらみによって、希望を運命の一部として与えられているおかげで、人間は現在の境遇がどんなに惨めで苦しくても、未来にはもっと良い目に会えるだろうという希望を持つことで、今の苦しみに耐えて生き抜くことができます。また明日には悲惨のどん底に陥る定めである場合にも、彼に振りかかろうとしている災いが、姿が見えぬだけでなく、ゼウスによって声を取り上げられているため、音もたてぬので、自分がとんでもない不幸に捕らえられようとしていることに気づかずに、今たまたま享受している幸せが、この先も長く続くと希望して、生きて行くことができます。この意味でゼウスの意思によって、パンドラの甕の中に残った希望は、人間がそれなしでは、自分の運命を生き通すことができない、ゼウスから人間に与えられた、真に貴重な贈り物だと言えるでしょう。だがゼウスから人間が受けた他のすべての贈り物と同様に、希望にもやはり明らかに、人間をその苛酷なモイラに捕らえるために仕掛けられた罠としての反面があります。なぜならそのプロメテイアが裏返せばそのままエピメテイアである人間が、未来について抱く希望は言うまでもなく、彼を束の間まどわせたあと、けっきょくは苦い失望と幻滅を味わわせることになる、儚い幻想以外のものではありえないからです。

エピメテウスがパンドラを花嫁としてもらい受けて家に住ませたことは、また別の点でも人間の運命に、重大と言うほかない変化をもたらしました。なぜならこのことが嚆矢となって人間のあいだに、パンドラをその始祖とする女たちの種族が生じたからです。それで人間はその女の一人を妻に娶って自分の家に住ませ、ゼウスによって隠されて苦労せずには手に入らなくなっている食物を、自分の身を磨り減らす勤労によって取得して、それによって自分自身の胃袋だけでなく、「盗人の性」を本質として持っている女の一人である貪婪な妻の胃袋まで、養わねばならなくなりました。このようにして正式な妻にした女の腹からしか、自分の死後に家を存続させてくれる、後継ぎの嫡子を得られないことになったからです。そのことをヘシオドスは『神統記』の五九一～六一二行で、男の妻になる人間の女たちは、蜜蜂の巣の中の雄蜂たちとそっくりだと言いながら、こう慨嘆しています。

なぜならばこの処女から、死すべき人間の男たちのあいだに、大きな災禍として住み、
破滅をもたらす貧苦を避け、贅沢だけをむさぼろうとする、
女たちの破壊的な種族と、その諸種が生じたのだから。
ちょうど蜜蜂たちが、壁で保護された巣の中で、
悪事にふける、雄蜂どもを養うように。
蜜蜂たちは来る日も来る日も、日暮れまでひねもす、
勤労にいそしみ、白い巣を造るが、
そのあいだ、雄蜂たちは、巣の壁に保護され、内に居て、

他の者の労苦の果実を、自分の胃の中に、取り入れる。
ちょうどそのように、死すべき人間の男たちにとっての災いとして、
高空で雷を鳴らすゼウスは、苦しみの種となる仕業にふける女たちを造った。
そして良いもの（＝火）の代償に、この新しい災いを、彼らに与えたのである。
男がもし、結婚と、心労の種となる女たちの仕業によって、
苦しめられるのを避けようとして、妻を娶らぬことにすれば、
彼には、破滅をもたらす老齢になっても、世話をしてくれる者がいない。
このような男はたしかに生涯、飢えに苦しむことはない。
だが死ねば、財産はすべて、親類縁者たちに分けられてしまう。
一方また、結婚する運命を引き当て、心に適う良妻を持った男には、
生涯を通じ、不幸と幸福とが拮抗する。
だがもしも、性悪な種の妻を娶れば、
胸の内に絶えることのない悲しみを持ち、心と魂を苦しめられながら生きねばならず、
しかもこの災いには、けっしていやされるということが無いのだ。

蜜蜂の雄蜂たちは、巣を造るためにも食物を集めてくるためにも、自分たちが巣の外に出て行って働くことはいっさいしません。彼らがしているのはただ、働き蜂たちが辛苦して造り上げる巣の

中でぬくぬくと暮らし、そこに働き蜂たちが毎日、外でする終日の勤労によって、集めて持ち帰ってくる蜜と花粉とを、自分の胃袋の中に入れていることだけです。ヘシオドスによれば、人間の男たちの妻となる女たちは、この蜜蜂の雄蜂たちとまさにそっくりと言うほかないほどよく似ています。なぜなら妻となる人間の女たちも、自分たちを迎えるために夫が苦労して建てた家の中に住み、ゼウスによって隠されてしまっているために、労苦せずには手に入らなくなっている食物を大地から産出させるために、夫が家の外で精励している農作業には、関わりを持ちません。そして夫が外で勤労することで、家に持ち帰ってくるものを、夫の胃よりもずっと貪婪な自分の胃袋の中に入れることしかしていないからというのです。それで男は自分の勤労によって、自分自身の胃袋だけでなく、正式な妻に娶って家に住ませる女の貪婪な胃袋まで、養わねばならなくなり、そうせねばそのようにして正式な妻にする女の腹からしか生まれない嫡子を得て、自分の死後も家を絶やさずに存続させるという、男にとって神聖な義務を果たせなくなったというのです。

『神統記』の五九一行ではヘシオドスは、「彼女（＝パンドラ）から生じたのが、女たちの破壊的な種族（オロイオン　ゲノス）とその諸種（ピュラ）なのだ」と言って、パンドラの後裔の女たちが、すべて人間の男を破壊する同一の種族に属するとしながら、その女たちに種類の違いがあることを認めています。そして六〇八行では彼は、男が結婚に当たって、「心に適う気配りのある妻（ケドネン　アコイティン　アレリュイアン　プラピデッシ）」を娶ることがあると認めていますが、六〇九行ではその場合にもその男にとって、「災いが生涯を通じて、その幸福を相殺することになる（アパイオノス

カコン　エストロ　アンティペリゼイ）」と言っています。つまりどんなに良質な種類の女を妻にしても、その結婚から得られる幸せは、生涯のあいだにけっきょくは、「女たちの破壊的な種族（オロイオン　ゲノス　ギュナイコン）」の一人である妻が、夫になる男に必然的にもたらす災いによって、帳消しにされてしまうのを、男は免れることができないというのです。そしてもしもこれと反対に悪質な種類の女を妻にすれば男は、六一〇～二行で「だがもしも、性悪な妻を娶れば、胸の内に絶えることのない悲しみを持ち、心と魂とを苦しめられながら生きねばならず、しかもこの災いには、けっしていやされるということが無いのだ」と歌われているその通りに、たえず悲しむばかりで喜びは何も得られずに、ただひたすら災いに苦しめられるだけの出口の無い、絶望的な破目に陥るほかないことになるというのです。

『仕事と日』の七〇二～五行ではヘシオドスは、悪妻との結婚が男にとってまさに究極の災禍であることを、良妻との結婚が望み得る最大の幸せであることと、いっそうはっきりと対比させて、こう歌っています。

なぜなら男にとって、良い妻を手に入れる以上に、結構なことはなく、
また反対に、悪妻より以上に苛酷なものも、何も無いのだから、
食事ばかりしたがり、どんなに強い夫でも、
燃え木も使わずに燃やして、若いうちに老いさせてしまう。

『神統記』の六〇一～二行に、「高空で雷を鳴らすゼウス（ゼウス　ヒュプシブレメテス）」が、火を手に入れた人間の男に、「良いものの代償の災い（カコン　アンタガトイオ）」として与えたと歌われている、人間の女はヘシオドスによればもともと、ヘルメスによって女の本質として与えられている「盗人の性（エピクロポン　エトス）」を発揮して、男が体力を磨り減らして手に入れる穀物倉の中味を貪ることで、火が薪を焼くように、夫になる男を燃焼させて弱らせます。それでその中でも「悪妻（テス　カケス）」になる種類の女は、妻になると「食事ばかりしたがる（デイプノロケス）」ことで、その飽くことのない貪欲の火を、もっとも露骨に際限なくむき出しにするので、妻になって家に住めば、「どんなに強い夫でも（アンドラ　カイ　イプティモン　ペル　エオンタ）」、「燃え木も使わずに燃やして（エウエイ　アテル　ダロイオ）」、「若いうちに老いさせてしまう（カイ　オモ　ゲラィ　ドケン）」ことになるのだとヘシオドスはいうのです。だが女が夫になる男を燃やして衰弱させる火であることは、ヘシオドスが『仕事と日』の七〇二～三行で、男がそのような女を妻に娶ることほど、結構なことはないといっている、「良い女（ギュネ　へ　アガテ）」についても、本質的には変わりがありません。ヘシオドスが『神統記』の六〇八行で、「心に適う気配りのある妻（ケドネン　アコイティン　アレリュイアン　プラピデッシ）」になることを認めている、最良の種類の女でも、「女たちの破壊的な種族（オロイオン　ゲノス　ギュナイコン）」に属するので、内奥にはとうぜん女の本性である「犬の心と盗人の性」を蔵しています。だから「心に適う妻」になる、そのような女との結婚によっていくらかの喜びが得られても、「災いが生涯を通じて、その仕合せを相殺することになる（アパイオノス　カコン　エストロ　アンティペリゼイ）」と、ヘシオドスは『神統記』の六〇九行で言うのです。つまり男は程度の差はあっても、ヘシオドスによれば妻に娶る本質は災いである女によって、苦しめられ燃やされ続けることを、まぬがれることができないわけです。

しかも女は、男が自身の体力を磨り減らして得る勤労の果実を貪ることで、夫になる男を薪のように燃やし弱らせる、火であるだけではありません。『仕事と日』の五八六～八行でヘシオドスは、真夏の盛りに「シリウス星（古代ギリシア人は、夏の酷暑はこの星が、昼のあいだも太陽といっしょに空に出るために起こると考えていました）が、彼らの頭と膝をひからびさせ（ケパレン　カイ　グナタ　セイリオス　アゼイ）」、「炎暑によって皮膚が乾燥する（アウアレオス　デ　テ　クロス　ヒュポ　カウマトス）」ために、「男たちがもっとも弱っている（アパウロタトイ　デ　トイ　アンドレス）」そのときに、「女たちは淫欲がもっとも旺盛になる（マクロタタイ　デ　ギュナイケス）」と言っています。つまり男が炎天下に戸外でする労働によって精力を使い果たし、乾燥しきってもっとも燃えやすい状態になって帰宅する真夏に、太陽にもシリウスにも焼かれずに家にいる女たちは、色情をもっとも盛んに滾らせて、夫の帰りを待ち受けているというのです。それで夫が帰宅すればとうぜん、アリストパネスの喜劇『女の平和』の八三九行で、この劇の主人公のリュシストラテが、夫がそこにやって来るアテネの女のミュリンネに、「あなたの仕事は今すぐにあの男を、両面をひっくり返して焼き上げることです（ソン　エルゴン　エデ　トゥトン　オプタン　カイ　ストレペイン）」と言っているそのやり方で、夫の疲労困憊は斟酌せずに、火で炙って燃焼させようとするわけです。このようにヘシオドスによれば女は、自身の食欲によってだけでなく性欲によっても、夫になる男を燃やす火であるわけです。ですからその女の一人を妻に娶って家に住ませ、女の本性の「盗人の性」に苦しめられながら、男を燃やす火である女の二重の貪婪さによって、絶えず焼かれ続けることで人間の男はヘシオドスによれば、プロメテウスの盗みによって火を得た代償として受けるのにまさにこの上なく相応しい罰を、ゼウスから与えられていることになるわけです。

人間の価値とはなにか

『神統記』と『仕事と日』とにくり返して詳しく取り扱われているプロメテウスの神話にはこのように、現在の世界で人間が持たねばならぬ運命が、太古にゼウスとプロメテウスとのあいだで交わされたやり取りによって、ゼウスが不滅の企みによって計画していた通りに、寸分違わずに定められたことが物語られています。このようにして人間が負わねばならぬことになった運命は、きわめて過酷ですが、人間はそれを免れることはどうしてもできないので、プロメテウスの神話にはそのことが、はっきりと示されています。この神話には、神々の中でも並外れた知恵の持ち主のプロメテウスが、そのために悪巧みの限りを尽くして努力をしても、ゼウスが人間に与えようと計画していた運命を変えることができなかったことが述べられています。そしてプロメテウスはそのことに失敗した上に、最高神に対して不遜な反抗を企てたことで、残忍の極みである厳罰を受けてはじめて、ゼウスとの知恵比べに勝って、ゼウスが人間に与えると計画していた運命を、もっとよいものに変えられると考えたことで、自分がとんでもない思い違いをしていたことに、腹の底から気づいたことになっているからです。そのことはこの神話の結論として、『神統記』の六一三〜六行にこう歌われています。

このようにゼウスの心をだまし、あるいは出し抜くことは、けっしてできない。
イアペトスの息子の情け深いプロメテウスですら、
彼の激しい怒りを免れることはできなかった。
明敏無比な彼ですら、重い鎖に、無理やりに拘束されているのだから。

六一六行で「重い鎖に、無理やりに拘束されている（メガス　カタ　デスモス　エリュケイ）」と言われて、プロメテウスがこの罰に服させられているのが、現在も続いていることであるように歌われているのは、前にも触れたように五二六〜八行で、彼の肝臓を昼のあいだ食い続けていた鷲が、ヘラクレスによって射殺されて、プロメテウスが長いあいだの苦患から解放されたことが物語られているのと、一見すると矛盾しているようにも見えます。だがマゾンは、プロメテウスの刑罰がここで現在のことのようにして語られているのに驚き、それがプロメテウスがすでにその罰から解放されたと物語っている、前の詩句の内容と齟齬していると考えるべきではないと言っています。マゾンによれば宗教的事実は、時間の中で起こったことでも、時を超越した永遠の表象としての意味をもつことがあります。それでキリスト教徒にとって、イエス・キリストが十字架にかけられた姿で、常に崇め続けられているのと同様に、プロメテウスもここでゼウスからの罰を現に受けているように表象されているのだというのです。[1]

　このようにプロメテウスの範例に、時間を超越した宗教的真実としてははっきりと明示されているように、人間は現在の世界で、それがいかに辛く苛酷に思えても、ゼウスによって定められている運命に従う以外の生き方はできません。ただゼウスによって災いに苦しむことを不可避のモイラに定められていても人間にはそれでもなお、『神統記』の六〇九行に見たように、「災いが生涯を通じて、その幸福を相殺することになる（アパイオノスカコン　エスとロ　アンティペリゼイ）」と言われているような、苦しまねばならぬ災いと拮抗するほどの仕合せを享受する可能性は残されています。なぜならゼウスによって生命の糧を隠されてしまった結果、人間には太古の黄金の種族の人々がしていたように、労苦をせずに宴会の楽しみだけにふけって暮らすことはできません。だが「勤労（エルガ）」にいそしむことによって、隠されている生命の糧を、自分の生活を支えて余りあるほど、大地から生え出させて手に入れ、それによって『仕事と日』の二三一行に言われているように、「自身の丹精した耕地の収穫を、宴会を催して楽しむ（タリエス　デ　メメロタ　エルガ　ネモンタイ）」道は開かれているからです。しかもそのようにエルガに精励して富と仕合せを得ようとすることは、ゼウスによって人間に定められているモイラにかなうので、そのような生き方をする人は、自身の労苦によって富と仕合せを得るのに加えて、神々の恩寵にも浴し自然の恩恵も受けて、人間に許される限り災いに苦しめられることのもっとも少ない生活を過ごすことができます。そのことは『仕事と日』の二三二〜七行に、こう歌われています。

その人々のために、大地は生命の糧を豊かに産出する。
山では樫の木が、梢に樫の実をつけ、幹の中ほどには蜜蜂が住み、
羊たちからは羊毛が、ふさふさと重く垂れ、
女たちは、父親に似た子を産む。
彼らは、絶えず良いものに恵まれて繁栄を謳歌し、
豊穣な農地が収穫をもたらすので、船で海に出て行くこともない。

勤労に励んで富を得るのが、神々の心にかなう人間の生き方であることは、『仕事と日』の三〇八〜九行にはこう歌われています。

勤労によって人間は、多くの家畜を持つ富者となる。

（1） Mazon, P., *Hésiode (Collection des Universités de France)*, Les Belles Lettres, Paris,1960,p.54-55.

勤労にいそしむ者は、不死の神々からも、ずっとより多くの親愛をえるのだ。

この世の中で人間は一見すると勤労によらなくても、戦争や訴訟により他人の財産を奪い取ることで、一挙に富を獲得することが可能であるようにみえ、実際にそのような暴力や不正によって富を得ている人々は少なからずいます。しかしヘシオドスによれば、ゼウスの意思に反し正義を蔑視するこのような方法によって得られた栄華はけっして長続きはせず、神罰によって本人も財産もたちまち破滅させられることになるので、そのことは『仕事と日』の三二〇～六行に、こう歌われています。

富はけっして、略奪によって得てはならず、神々の恵みにより得られた富のほうが、はるかに勝る。
なぜならたしかに人は、莫大な資産を、腕力に頼み、暴力によって獲得することも、
あるいはまた、弁舌によって奪い取ることもでき、それは実際にしばしば起こる。
利得が人間どもの心を誤らせ、
破廉恥な思いが、羞恥心を激しく責め立てるときに。
しかしそういう男を、神々はたちまち滅亡させ、彼の家を没落させるので、
資産は、ほんのわずかのあいだしか、彼の身に添わぬ。

『仕事と日』の三九八行に、「神々が人間たちに定めたもうた勤労（エルガ　タ　タントロポイシ　テオイ　デイエテクメラント）」と言われているように、ヘシオドスによれば「勤労（エルガ）」は、人間が果たすことを神々に定められている神聖な義務です。『仕事と日』にはそれで、どのようにして季節の変化に注意深く応じながら、それぞれの時期に必要なやり方でエルガにいそしめば、神々の心にもっともかなう生き方をして、今の世界で人間に許されている限りの仕合せを得ることができるか、その方法が詳しく説明されているわけです。そのことはその教え全体の結論として、この詩の末尾の八二六～八行にこう歌われています。

　日々についての、これらすべてのことをわきまえて、
不死の神々に対して、けっして罪をおかさず、鳥の示すしるしを正しく判じ、
過失を避けながら、勤労にいそしむ者こそ、祝福され幸福である。

この詩にこのように説かれている、農夫達に対する日常の教訓には、第四章で見たホメロスの詩で称揚されている英雄の倫理とは明らかに、それぞれが全く別世界に属すると言えるほど、大きな隔たりがあります。だがその違いにもかかわらず、人間に定められている苛酷な運命を、逃避もたじろぎもせず、あるがままに見据えて引き受け、その中でできる限り価値のある生き方をしようと

する態度には、明瞭な一貫性と共通点があります。

古代ギリシア文学の出発点となった、紀元前八〜七世紀の叙事詩には、厭世観を踏まえてもけっして絶望はせずに、生をあくまで力強く肯定し、人間の価値を高らかに主張しようとする、古代ギリシア文化の原点となったものの考え方が、ホメロスの詩にもヘシオドスの詩にもこのように共通してはっきりと表明されています。あくまでも人間を万物の中心とも、価値の基準とも見なす、このギリシア的なものの考えかたは、その後ヨーロッパに受け継がれて連綿と伝承され、今日まで西洋文化の基礎であり続けてきました。その意味で紀元前八〜七世紀の古代ギリシアの叙事詩には、ヨーロッパの始まりを見ることができると思われるのです。

あとがき

この本の第一章と第二章はそれぞれ、著者が以前に次のような形で発表した論を、全面的に書きあらためたものです。

第一章、(原題)「泥棒と嘘つきの神の必要」、篠田知和基編『神話・象徴・儀礼』(楽瑯書院)、二〇一四年、三三五~三七〇頁。

第二章、(原題)「喜劇『プルトス』に描かれた、アスクレピオスによる治癒と、ユートピア的至福状態の現出」、篠田知和基編『神話・象徴・儀礼II』(楽瑯書院)、二〇一五年、五~三〇頁。

第三章は右にあげた第二章のもとになった論の一部(一九~二一頁)を取り出して、独立の論に書き直したものです。

第四章と第五章にはそれぞれ、次の小論で以前に著者が述べた発想を、大幅な論として展開させました。

第四章、「ホメロス・英雄の理想像」、『週刊朝日百科・世界の文学五一』（朝日新聞社）、二〇〇〇年七月九日、一－〇〇四～〇〇八。

第五章、「ヘシオドス・人間の苛酷な運命」、『週刊朝日百科・世界の文学五一』（朝日新聞社）、二〇〇〇年七月九日、一－〇一八～〇二〇。

このようにしてでき上がったこの本が、ギリシア神話の持っている底知れぬ面白さと、現代のわれわれとも決して無関係でない深い意味とを、読者のみなさまがあらためて発見して頂くために、いささかでもお助けになることを願って止みません。

最後になりましたがこの本をまとめるために、青土社書籍編集部の菱沼達也さんから、お心のこもったお世話と、数多くの貴重なご助言を頂いたことを記して、心からの御礼を申し上げます。

吉田敦彦

二〇一六年五月

著者　吉田敦彦（よしだ・あつひこ）
1934年生まれ。東京大学大学院人文科学研究科西洋古典学専攻課程修了。フランス国立科学研究所研究員、成蹊大学文学部、学習院大学文学部教授を歴任。学習院大学名誉教授。専攻は比較神話学。著書に『日本の神話』『鬼と悪魔の神話学』『縄文の神話』『大国主の神話』『謎解き　ギリシア神話』（以上、青土社）、『昔話の考古学』（中公新書）、『ギリシア神話入門』（角川学芸出版）ほか多数。

ギリシァ神話と人間

2016年6月25日　第1刷印刷
2016年7月10日　第1刷発行

著者――吉田敦彦

発行人――清水一人
発行所――青土社
〒101-0051　東京都千代田区神田神保町1-29　市瀬ビル
［電話］03-3291-9831（編集）　03-3294-7829（営業）
［振替］00190-7-192955

印刷所――ディグ（本文）
方英社（カバー・表紙・扉）
製本――小泉製本

装幀――クラフト・エヴィング商會

ISBN978-4-7917-6936-0　C0010